Dieter Lattmann
Die Einsamkeit des Politikers

Dieter Lattmann

Die Einsamkeit des Politikers

verlegt bei Kindler

© Copyright 1977 by Kindler Verlag GmbH München.
Alle Rechte vorbehalten, auch die des teilweisen Abdrucks,
des öffentlichen Vortrags und der
Übertragung durch Rundfunk und Fernsehen.
Fotomechanische Wiedergabe
nur mit Genehmigung des Verlags.
Korrekturen: Irmgard Wutz
Umschlaggestaltung: Hans Numberger
Gesamtherstellung:
Druck- und Buchbinderei-Werkstätten
May & Co. Nachf., Darmstadt
Printed in Germany
ISBN 3-463-00705-3

Inhalt

Die Einsamkeit des Politikers

Kaum ein Beruf, der auf den Umgang mit Menschen angelegt ist, macht so einsam wie der des Politikers. Das erfährt jeder, den die Politik vereinnahmt hat, früher oder später. Die Tatsache steht nur scheinbar im Widerspruch zur wachsenden Zahl der Anhänger, die ein Politiker zu gewinnen vermag. Der Prozeß der Vereinsamung findet im Austausch statt: Das Mandat frißt den Kandidaten auf Kosten des Privaten.

Kaum jemand ist verlassener als ein Abgeordneter, der nach einer Abendversammlung im Wahlkreis spät in der Nacht hinter Scheinwerfern hundert oder mehr Kilometer nach Hause fährt. Auf die Rolle im Mittelpunkt der Diskussion, die er eben noch ausgeübt hat, folgt jäh die Isolation. Ob es eine Menge oder eine schüttere Gruppe war, vor der er um Zustimmung zur Person und zur Sache warb – den gewohnten Rückweg in die Einsamkeit nimmt keiner ihm ab.

Kommt er heim, haben sich die ihm zugehören längst in den Schlaf entfernt und wollen dort bleiben. Ernüchtert durch das Selbstgespräch unterwegs und Promillevernunft holt er jetzt in der Küche einen kräftigen Schluck nach. Findet erst Ruhe, wenn die Reibung mit der Wirklichkeit dieses Tages in Müdigkeit verebbt: ein Bundestagsmitglied als Nachtwächter, ohne Selbstmitleid, mutterseelenallein.

Niemand wartet in Permanenz auf einen Mann oder eine Frau unter der Voraussetzung, daß der andere unberechenbar kommt und geht. Ein Politiker ist im privaten Dasein bestenfalls sporadisch vorhanden. Daran gewöhnt sich, wer mit ihm lebt. Verlaß ist einzig auf die Unverläßlichkeit von Abmachungen. Immer wird es später. Das Telefon kennt die Entschuldigungen auswendig, bis es nicht mehr bemüht wird, weil sich das Ausbleiben eines Tages von selbst versteht. Seemannsehen sind noch das Beste, was dabei herauskommen kann. Aber sie erfordern nun einmal die Lebenskunst von Fahrensleuten, die den Volksmund widerlegt: aus den Augen – *nicht* aus dem Sinn.

Was ist das für eine Regel, nach der das Persönlichste, die Fähigkeit zur Dubeziehung, bei auffallend vielen Parlamentariern verkümmert? Gerade bei denen, die Politik lebenslänglich mit Leidenschaft betreiben, meint man zu beobachten, wie sie sich als private Personen – selten zu ihrem Vorteil – verändern. Für die Menschen in der Politik bleibt die *conditio humana* der *res publica* keineswegs folgenlos. Welche Erfüllungen, die sich einer durch Verhinderungen im persönlichen Bereich einhandelt, werden zuerst zum Bedürfnis wie eine Droge? Man gewöhnt sich an Beifall. Mancher braucht ihn schließlich, um vor sich selbst zu bestehen: ein extrovertierter Narziß. Das Begehren, von einer großen Zahl wenn nicht geliebt, so doch gekannt und beachtet zu werden, der Eindruck, den man auf viele statt auf den einen wichtigsten anderen macht – dies alles bringt Rückwirkungen auf die individuelle Psyche mit sich. Weist nicht der Balzgestus vor dem Publikum auch eine Ersatzfunktion auf? Bei manchen Politikern wird man die Vorstellung nicht los, sie lägen als Liebhaber am liebsten der Menge im Arm.

Das könnte ihnen so passen. Tatsächlich scheint sich bei einigen Prominenten die Libido so auf das Publikum verlagert zu haben, daß ihnen ihre Kontaktarmut von Person zu Person kaum noch bewußt wird. Nichtgeübte Sensibilitäten sterben ab. Wer ständig mit vielen redet, verlernt das Gespräch mit dem einzelnen. Die Werbung um die Menge kennt keine Zärtlichkeit. Sie lebt von anderen Empfindungen, bedeutet eine unvergleichbare Art von Herausforderung in der Selbstsuggestion, als könne man die eigene Person multiplizieren. Schließlich befindet man sich in der Öffentlichkeit häufig auch auf der Flucht vor dem einzelnen, unter anderem vor sich selbst.

Jede ausschließliche Person stößt ihre engste Umgebung unweigerlich vor den Kopf. Die Stärke auf der einen Seite – für einen politischen Charakter unumgänglich – erweist sich als

Schwäche auf der anderen. Es ist eine Schwäche aus Rücksichtslosigkeit. Je mehr Familie und Freunde zu kurz kommen, um so
länger kommt die Öffentlichkeit. Wen die Unruhe umtreibt, der
ist am Ende nur noch in Verflüchtigungen zu erahnen: ein Fliegender Holländer für Politik, der hereinschneit und wieder fortstrebt, ehe ihm ein schwerwiegendes Gefühl gelingt. Ist es verwunderlich, daß er sich immer häufiger allein wiederfindet? Die
politische Lebensweise zahlt sich für nicht wenige bitter aus.

Wenn abends die Lichter des Bundestags nicht nur Fleiß, sondern auch Einsamkeit verkünden, sitzen politische Mönche in
ihren Zellen und häufeln das Unerledigte von einer Schreibtischkante auf die andere, um das Dringendste für den morgigen Tag
herauszufinden. Das Haus der Männer wirkt ohne die Tagesbesatzung der Assistentinnen wie ein steingewordenes Neutrum.
Im Clubhaus der Parlamentarischen Gesellschaft und in entfernterliegenden Kneipen helfen sich andere MdB's bei Bier, Fernsehen und Unverbindlichkeiten über die Lage von lauter Solisten
ohne Publikum hinweg. Wieder andere nächtigen in endlosen
Sitzungen, sinken immer tiefer in die Sessel – immer grauer die
Gesichter und weitschweifiger die Wortmeldungen, die kaum
noch ein Gespräch ergeben, sich vielmehr wie Parallelen erst im
Unendlichen treffen.

Die Kumpanei der Abgeordneten, meist streng getrennt nach
Fraktionen, kaum herausgefordert durch das weibliche Element
von nicht einmal sieben Prozent Kolleginnen, hat etwas Steriles
an sich. Das atmet das Klima von gealterten Jugendbünden, Soldatengelächter, Intelligenzlerklausuren oder einer Bautruppkantine in der Antarktis.

Wer aber die Feste feiert, wie sie übers Bonner Parkett fallen,
bewegt sich fast ausschließlich wieder unter seinesgleichen: Das
Lächeln vom vorletzten Mal ist noch in die Gesichter geritzt. Die
Hauptstadt braucht Zugluft. Was aber hinzuströmt, sind Konventionen. Wohl herrscht ein Zerstreuungsbedürfnis wie auf
Herbstmessen, wo mancher zwischen Auftragsblock und Bar
halbherzig fremdgeht. Doch wo femininer Charme ernsthaft ins
Treffen geführt wird – sei es auch nur zum Spiel mit der Verwir

rung –, hinterläßt er eher Beklommenheit bei so vielen politischen Strohwitwern. Noch einigermaßen eherne Sitten bedecken das Problem zumindest oberflächlich. Denn wer mag schon seinen Wahlkreisabgeordneten *in flagranti* ertappt sehen? Es gibt im übrigen so etwas wie ein zusätzliches Berufsrisiko, das selten ausreichend gewürdigt wird. Nicht zuletzt deswegen wächst rings um kalte Büfetts in Bonn soviel Kummerspeck.

Es ist weit bis nach Husum und Landshut, bis nach Fulda und Lörrach. In zweiundzwanzig jährlichen Sitzungswochen werden Entfernungen eingeübt. Das unter anderem unterscheidet das Bundesparlament von den Landtagen, deren räumliche Lebensbedingungen regional geprägt sind. Gerade die jüngeren Bundestagsabgeordneten sind vielfach zum erstenmal rund die Hälfte des Jahres von ihren Familien getrennt. Schafft das schon für männliche Mitglieder des gar nicht so hohen Hauses quarantäneähnliche Situationen, bringen es junge Frauen, dazu mit kleinen Kindern, nur äußerst selten fertig, ein Bundestagsmandat zu erkämpfen und durchzustehen: In ihrem Fall wird das Hin und Her zwischen Bonner Pflichten, Wahlkreisterminen und Zuhause schier zur Zerreißprobe für die private Existenz. Nicht zuletzt deswegen finden sich unter den wenigen Frauen im Bundestag fast nur reifere Semester. Wenn wirklich einmal alles zusammentrifft – Attraktivität, Intelligenz, Ehe, Kinder und dennoch politische Durchsetzungskraft –, interessieren sich die Gazetten und zum Teil auch die Parlamentskollegen eher für das Problem der Treue als für die sachliche Leistung dieser personifizierten Ausnahme von der Regel.

Daß Frauen fehlen, bestimmt auch das Verhältnis der Parlamentarier untereinander. Sie sind es gewohnt, überall mit Rivalitäten zu rechnen. Ohne Härtetest und Blessuren kommt so leicht niemand nach Bonn. Doch in der politischen Arena – dem klassischen Feld für Hahnenkämpfe – fügen die Streitenden einander um so schärfere Verletzungen zu, je vorbehaltloser man sie im Austragen der Sachkonflikte den Kampfesformen männlicher Egomanie überläßt. Die Besucher auf der Plenumstribüne und die Augen der Kameras mildern die Umstände nicht ausreichend. Was zur Entschärfung gebraucht wird, ist ein höherentwickelter Sinn für unfreiwillige Komik, für Selbstironie, ja Humor. In der Tat wäre es manches Frauenlachen wert, wenn Mal um Mal maskuline Pfauengesten die Szene beherrschen, ohne daß sich zu solchen Auftritten auch nur die Möglichkeit gesellt, mit Ehrgeiz und Ruhm in der Redeschlacht das nur scheinbar schwache Geschlecht zu beeindrucken, geschweige denn Eroberungen zu machen.

Die Vereinsamung durch Politik lohnt für die Beteiligten jeden Ausbruchsversuch – für nicht wenige steht er nach persönlichem Vorsatz auf der ungeschriebenen Tagesordnung. Es mag einen dabei wundern, daß unter soviel Männern Freundschaft offensichtlich nur eine rare Rolle spielt. Tatsache ist, daß viele Parlamentarier sich auch Freundschaften auf ihrem Werdegang abgewöhnt haben. Natürlich arrangiert man sich unter Gleichgesinnten – doch wie gleich ist man wirklich gesinnt? Der Konsensus einer Partei gilt bei ihren Mitgliedern in erster Linie den großen Zielen und Leitfiguren, zumal in Wahlkampfzeiten. Doch im Gerangel um Positionen, im Absichern des Mandats und des Einflusses auf die politische Realität in den drei notwendig verbundenen Ebenen – Kommune, Land und Bund –, in der Auseinandersetzung um Macht also, haben alle Berufspolitiker das Mißtrauen bis zur Konsequenz der Verlassenheit gelernt. Man sichert sich ab nach allen Seiten und in jeder Beziehung, so man vermag. Das gehört zum Handwerk: eine Waffe gegen subjektive Verletzlichkeit.

Wenn tatsächlich einmal Anlaß zu vorbehaltlosem Vertrauen zwischen Abgeordneten besteht und sich durch Erfahrung bestätigt, ist das ein Glücksfall – nicht zu erwarten, kaum zu erwerben, doch eine Konstellation, um die es Mühe lohnt. Es gibt solche Freundschaften unter Politikern. Einige halten ein Leben lang. Den Prozeß der Vereinsamung können sie kaum abwenden, aber seine Rigorosität partiell verhindern.

Jedenfalls bringen die gruppendynamischen Prozesse der Zusammenarbeit innerhalb der Fraktionen normalerweise keine hinreichende Lockerung aller festgezurrten Bedingungen für die

Arbeit des einzelnen Abgeordneten. Deswegen sollten möglichst viele Parlamentarier sich regelmäßig daran erinnern: Keine Partei erwirbt mit dem Mandatsträger auch den privaten Menschen als totales Eigentum. Die Politik lohnt den ganzen Einsatz, nur nicht den, daß die Person sich verlorengeht. Das ist auch eine Forderung der Lebensqualität.

Chancengleichheit für Abgeordnete?

Die Politik ist, wie die Berichterstattung über sie, hochgradig orientiert an Autoritäten und Positionen. Das erscheint ebenso selbstverständlich, wie es selten zugegeben wird. Nicht einmal die Studentenbewegung und die Außerparlamentarische Opposition brachten in ihren besten Tagen trotz anderslautender Vorsätze veränderte Auswahlprinzipien für ihre Organisation hervor: Auch sie sprachen gegenüber den Medien, und damit der Öffentlichkeit, fast ausschließlich durch ihre (freilich neue) Prominenz.

Gemessen an der Forderung des Grundgesetzes nach unbehinderter Ausübung des parlamentarischen Mandats müßte für alle 518 männlichen und weiblichen Bundestagsabgeordneten Chancengleichheit hinsichtlich der Methode und möglichen Resonanz der politischen Arbeit bestehen. Doch die Öffentlichkeit hat sich ziemlich widerspruchslos daran gewöhnt, Stellungnahmen aus Bonn von immer denselben Politikern zu erhalten. Die Liste der wirklich Namhaften ist dementsprechend kleiner als die des Kabinetts. In den Regierungsparteien sind es fünf oder sechs, in der Opposition drei bis vier Gesichter, die sich jedem einprägen, weil sie die von den Medien am häufigsten erfaßten und reproduzierten sind.

Der Journalismus mit seinem angeblichen Zwang zur Personalisierung entzieht sich weitgehend einer demokratischen Praxis des Parlamentsreports. Jeder Interviewer stürzt sich auf den Vorsitzenden oder den gewohnt kompetenten Sprecher in der fraglichen Sache, den eine Fraktion ihm schablonenhaft zuliefert. In den Kommentaren analysiert man die geringfügigste Veränderung im Auftreten eines politischen Stars. Man frotzelt als Zugabe ein bißchen über die Hinterbänkler. Die Darstellung der politischen Arbeit im Mittelbau des Parlaments, wo immerhin allerlei Detailentscheidungen fallen, wird nahezu kontinuierlich versäumt. Es ist, als gäbe es dergleichen nicht.

Der Wähler, der seinen Abgeordneten aus dem Wahlkreis in den Medien zu beobachten trachtet, geht in der Regel leer aus, ja, der mit seiner Stimme an den Regierungssitz entsandte Parlamentarier verflüchtigt sich im Lauf der Legislaturperiode häufig zu einer nachgerade illusionären Figur – ohne daß ihn daran unmittelbar Schuld treffen muß.

Da dieses Ergebnis einer numerischen Verfälschung der tatsächlichen Stimmenverhältnisse im Bundestag gleichkommt, stellt sich die Frage, was man vernünftigerweise dagegen unternehmen kann, daß zum Beispiel die Aufmerksamkeit gegenüber den Debatten im Plenum von außen wie von innen bestenfalls zehn Prozent der Mitglieder des Hauses gilt. Alte Hasen halten es freilich für abwegig, überhaupt so zu fragen, weil unter menschlichen Voraussetzungen Parlamentspolitik einfach nicht anders als durch eine Elite machbar sei.

Sind aber nicht alle Abgeordneten im direkten Sinn des Worts Elite, nämlich ausgewählt als Volksvertreter in Bonn unter annähernd gleichen, jedenfalls einander entsprechenden Voraussetzungen? Das Bild vom Hinterbänkler, der in der Parlamentstotale einen stecknadelkopfgroßen Punkt ausmacht, liefert beileibe kein individuelles Politikerportrait. So wird denn auch über die Vielhundertzahl der Abgeordneten eher wie über Fließbandarbeiter in einem Riesenunternehmen berichtet: grau in grau die Gesichter, schemenhaft, auswechselbar. Und doch verkörpert jeder von diesen Parlamentariern, bei denen die Frauen katastrophal unterrepräsentiert sind, ein politisches Votum, das der Bevölkerungsmehrheit einer Großstadt entspricht.

Soviel Verantwortung steht in Gegensatz zu der in Wahrheit äußerst beschränkten Möglichkeit des durchschnittlichen Abgeordneten, politische Grundsatzentscheidungen zu beeinflussen. Man braucht kein Zyniker zu sein, um parlamentarische Idealvorstellungen einmal mit der Überlegung auszunüchtern, wieviele Mitglieder des gar nicht immer so hohen Hauses als eine Art hochbezahltes Stimmvieh von Fraktionsweisungen, Parlamentstechnokratie und Termindruck herumkommandiert werden.

Solche politische Impotenz – für viele Bundestagsmitglieder ein Erlebnis scheinbar ausweisloser Selbstentfremdung, ja Verstümmelung – multipliziert sich in der Wirkung aufgrund der Ignoranz der Medien gegenüber eben diesem demokratiefeindlichen Phänomen. So gesehen, gibt es unter Volksvertretern mehr Mauerblümchen als in jeder Provinztanzstunde.

So mancher, der in einem Flächenwahlkreis mit ländlichen Gegebenheiten einiges regionales Renommee genießt und an seinem Heimatort selbstredend zur lokalen Prominenz gehört, muß am Beginn und Ende jeder Sitzungswoche wahre Wechselbäder der Wertschätzung wie des Eigenbilds erfahren: Wie namenlos er in Bonn seine Arbeit verrichtet, behält er lieber für sich. Einmal, so sagt man, gab es denn auch eine Legislaturperiode lang einen Bauern aus dem Fränkischen, der recht zufällig über die Landesliste in Bonn eingerückt war und die Parlamentsmaschine aus einer Mischung von Vorsicht, Dickköpfigkeit und Verzweiflung gar nicht erst begriff. Jeden Freitagabend, wenn er nach Hause kam, ging er in den Stall, legte den Kopf überm Melkeimer an die Hüfte seiner Lieblingskuh und brummte vor sich hin: »Ich atme Bonn aus.«

Andererseits geht die Erwartung einzelner Bürger im Lande, die sich in persönlichen Angelegenheiten an den von ihnen gewählten und oft zum Vergleich auch an den gegnerischen Abgeordneten der Region wenden, mitunter ins Phantastische: ganz, als sei der Parlamentarier ein ›Sesam öffne dich‹ für Baugenehmigungen, Wehrdienstbefreiung, Mietrecht und tausend kontroverse Vorkommnisse des Alltags. So erlebte ein frischgewählter Abgeordneter aus dem Schwäbischen, daß eine freiberufliche Krankenschwester ihm Folgendes schrieb: »Sehr geehrter Herr Abgeordneter, im Wahlkampf habe ich Ihnen zugehört. Sie haben mich überzeugt. Ich habe Sie gewählt. Sie sind jetzt mein Abgeordneter. Ich schicke Ihnen hier meine Steuererklärung. Bitte richten Sie mir das.«

Zum Glück hat das Ernsthafte auch seine komische Seite. Anders wäre Politik manchmal unerträglich – zumal im Spannungsfeld zwischen Anonymität und jenem Engagement, das einer ununterbrochen mit seinem Namen unterschreibt.

Jedenfalls lohnt es sich für Parlamentarier wie Außenstehende, den Artikel 38 des Grundgesetzes zum Realitätsvergleich beim Wort zu nehmen. Sein Kernsatz lautet: »Die Abgeordneten sind Vertreter des ganzen Volkes, an Aufträge und Weisungen nicht gebunden und nur ihrem Gewissen unterworfen.«

Würde das buchstäblich ernst genommen, könnte sich zum Beispiel ein Abgeordneter des Bundestags zu jedem ihm wichtigen Thema direkt beim amtierenden Präsidenten zu Wort melden und in freier Rede seine Meinung vortragen. De jure kann er, de facto nicht. Die Praxis, man weiß es, sieht nämlich anders aus. Die Fraktionen verwalten die Wortmeldungen bis ins Detail. Zuerst wird im Arbeitskreis festgelegt, wer zu welchem Thema sprechen darf, dann wird das Ergebnis auf der Fraktionssitzung bestätigt. Einzelgängerei ist verpönt. Nur in seltenen Fällen, in denen einer sich im voraus in seiner Parlamentsgruppe freikämpfen muß, wird sie akzeptiert. Ein Bundestagsmitglied, das solches Verhalten zur Regel machte, müßte seine Basis in der eigenen Fraktion verlieren und damit eine der Voraussetzungen zum erneuten Einzug in den Bundestag. Damit aber kann man nur einmal brechen. Der Preis ist hoch, die Wirkung vorsehbar gering. Dennoch gibt es Augenblicke, in denen es dies und nichts anderes zu überlegen gilt.

Die Hierarchie der Rivalitäten, alte Anrechte der Fünf-Sterne-Parlamentarier, die »Kürschners Volkshandbuch des Bundestags« als Beteiligte an ebensovielen Legislaturperioden ausweist, vor allem aber die Machtmechanismen und gruppendynamischen Prozesse der Parteienkonstellation von gegenwärtig 214 Sozialdemokraten, 39 Freien Demokraten, 190 CDU-Politikern und 53 CSU-Mitgliedern unter den 496 vollstimmberechtigten Bundestagsabgeordneten sorgen dafür, daß mancher, der im Wahlkampf soviel in Bonn zu sagen versprach, während vier Jahren kein einziges Mal dazu Gelegenheit erhält.

Wie soll er sich rechtfertigen: vor dem Wähler, dem Parlament und vor sich selbst? Einzig die kleine Fraktion der Liberalen bietet nahezu universale Möglichkeiten; sie werden jedoch eingehandelt durch eine physische Überforderung, die keinen aufgeräumten Schreibtisch und kaum jemals mehr einen freien Kopf kennt.

Ist Frustration also die treffende Wortmünze für einen Parlamentarier der mittleren oder »hinterbänklerischen« Kategorie? Manche quälen sich damit und kommen begreiflicherweise nicht über die Diskrepanz zwischen Auftrag und unvollkommener Erfüllung hinweg. Gerade deswegen meine ich: Frustriert zu sein, setzt im Grunde ein unpolitisches Verhalten voraus. Man wußte, was einen erwartete und daß es kaum kurzfristige Erfolgserlebnisse bei einer Arbeit gibt, die auf langfristige Energie angelegt ist. Die Kenntnis der eigenen wie der anderen Parteien wurde vorausgesetzt. Was also sollte einen verblüffen? Etwa der Umstand, daß es auch im Plenum des Bundesparlaments eher emotional als rational zugeht? Schließlich handelt es sich um eine Volksvertretung im umfassenden Sinn des Worts. Wer genau hinsieht und die 22 Berliner mitrechnet, deren Stimmen nur in den Ausschüssen zählen, stellt fest: diese Volksvertretung besteht aus 518 Gesichtern und nicht nur aus eineinhalb Dutzend. Davon sollte man mehr hören in den Berichten aus Bonn.

In der Tat besteht immerfort Anlaß, Ereignisse und Gestalten des Parlamentsalltags anders als prominenzorientiert zu erhellen. Warum gelingt es den Mitarbeitern der Massenmedien so unzureichend, das ganze Spektrum der parlamentarischen Auseinandersetzung in der Öffentlichkeit zu vermitteln? Oft wenn ich am Wochenende zu Hause oder unterwegs im Wahlkreis in Presse und Fernsehen verfolge, was ich in der auf Dauer provisorischen Hauptstadt miterlebt habe, frage ich mich, ob ich in einem anderen Parlament war.

Die Technik der Politik wie des Journalismus erfordert, so scheint es, ein abgestimmtes Zusammenspiel zwischen Intonation im Bundestag und Wiedergabe in den Medien. Nachrichten zu verursachen, ist jedenfalls auch ein schöpferischer Vorgang, der jeden Politiker fasziniert. Denn natürlich sind es nicht allein die Fakten, die zählen. Mindestens ebenso viel Bedeutung haben für die Nachrichtengebung die Personifizierung einer Information, der Zeitpunkt, der Gehalt an Kontroverse, an Sensation, die Beziehung zu anderen Nachrichten, mit denen die Atmosphäre geladen ist, sowie eine bestimmte Auslegung, mit der ein Ereignis von vornherein politisch befrachtet wird, und zwar möglichst zwingend, um für den Journalismus zu lohnen. Formulierer von Wehnerscher Kraft oder Straußscher Wortmächtigkeit haben da immer den Vorzug. Leise Klänge werden mit schwerem Geschütz überdröhnt. Sensibilität ist nur im Ausnahmefall gefragt. Wen wundert es? Die Fernschreiber wie die beteiligten Gehirne sind Grobes gewohnt.

Chancenungleichheit auch hier: In der Beschreibung der Aktualitäten des Parlaments kommen wiederum die Parlamentarier zu kurz. Nicht, daß sie sich beschweren müßten. Es geht um sie hauptsächlich insofern, als sie Stellvertreter von Wählern sind. Diese Personen, die Politik transportieren, könnten direkt und indirekt Gründlicheres aussagen, als man ihnen abverlangt. Nicht Klatsch und Knüller, sondern die eigentlichen Beweggründe. Der Reflex der Entscheidung in dem, der sich entscheiden mußte. Zwang oder Freiheit, das Wie und Warum.

Den Politikern den Spiegel vorhalten – nicht nur dem einen Dutzend, das jeder zu kennen glaubt. Man sollte es nicht aussparen, dieses ganze System aus Abhängigkeiten von Personen und Sachen, von menschlichen Stärken und Schwächen, Kompetenz und Geltungsdrang. Das Parteiengezänk und Gerangel mit Tricks und Finessen. Die Augenblicke, da politische Gegnerschaft in Feindschaft, ja Haß umschlägt und Demokratie so abwesend ist wie vor der Erfindung des Parlamentarismus. Das Geflecht aus Intrigen, kalkulierten Indiskretionen, aus Pokerspiel mit der Geschäftsordnung, Drohungen und Halbwahrheiten, Schwafeln und Filibustern, aus Profilneurosen und verbissenem Schweigen oder Argumentieren wider besseres Wissen. Das Ausmaß der Fremdbestimmung vieler im Bundestag Handelnder durch außerparlamentarische Kräfte in Wirtschaft und

Berufsorganisation – im Gegensatz zur Forderung nach dem unabhängigen Abgeordneten in der Verfassung.

Wer beschreibt die frappierende Fähigkeit der Politiker, eben noch aufeinander einzudreschen und sich gleich darauf durch einen Kompromiß zu arrangieren? Oder ein befreiendes Lachen, mit dem sich die Beteiligten endlich einmal nicht so ernst nehmen. Die Sympathien quer durch die Fraktionen und die gegenläufigen Gruppenmechanismen bei Zustimmung und Mißfallen im Plenum.

Wer berichtet über das Irrationale im Haus der Realisten, in deren Händen teilweise der öffentliche Zustand des Staates und die Daseinsbedingungen der Bevölkerung liegen? Über die Unmenge an Arbeitswillen, sozialer Verantwortlichkeit und nüchternem Idealismus, aber auch katastrophaler Fehlorganisation und Versagen. Den Dauerkonflikt zwischen Leistung und Leerlauf. Die Ernsthaftigkeit, mit der in diesem Parlament geschuftet wird, und die Leichtfertigkeit, mit der man Engagement unter Bürokratie begräbt. Das Labyrinth aus Papier, das niemand bewältigen kann. Die Überforderung als Gewohnheit, schließlich als Sucht. Den Zynismus der Selbstbedienung, wenn es ums Geld geht – aufgezeigt auf die einzig wirkungsvolle Weise, nämlich im Durchbrechen der gerade in diesem Punkt geflissentlich gewahrten Fiktion von der Uniformität der Parlamentarier. Nicht zu vergessen die Tragikomik der Außenseiter, denen es nicht gelingt, zu verdeutlichen, was alles sie ändern wollen und warum sie scheitern.

Es ist eine utopische Vorstellung, ihnen wenigstens einmal allen die gleiche Chance zu geben, reihum, verteilt auf die Zeit einer Legislaturperiode, in wechselnden Situationen und im Blickfeld der Medien – auf die Gefahr, daß eben dieses schonungslose Zusehen von den Unterhaltungsbesessenen als langweilig empfunden würde: Gefragt, gehört und beim Wort genommen, Mann für Mann und Frau für Frau, denn jeder von ihnen steht direkt oder indirekt für rund 120 000 Menschen in der Bundesrepublik krumm oder gerade. Auf das Wie kommt es an.

Auge um Auge, Wort um Wort

Sprache im parlamentarischen Alltag

Wieviel Achtung genießt das Bonner Parlament in den Augen der Bürger? Mal ist es das Hohe Haus, mal sinkt es ziemlich tief. Seine Mitglieder sind immun für Polizei und Gerichte. Doch wer von ihnen wäre nicht angreifbar wegen menschlicher Schwächen? Wenn ein MdB Freitag abends in der Provinz eintrifft, kann es vorkommen, daß ihn der Gepäckträger fragt: »Grüß Gott, Herr Abgeordneter, war's wieder mal schwer beim Regieren?« An anderen Orten dreht sich keine Kirchenmaus nach einem Parlamentarier um. Merkwürdig schroff wechseln an Biertischen Respekt und Geringschätzung, wenn vom Bundestag die Rede ist. Seit dem Kreuther Bruderkrieg der Unionsparteien und dem Rentendebakel der sozialliberalen Koalition gilt das verstärkt.

Freilich liefern die Plenardebatten, unbarmherzig übermittelt durch Millionen Fernsehschirme, immer neuen Stoff für beides: Abscheu wie Bewunderung. Selten ereignen sich parlamentarische Sternstunden, in denen die Demokratie ihrem Ideal greifbar nahekommt. Allzu häufig wird das Plenum zum Schauplatz für Imponiergehabe und Kraftmeierei. Historiker, die nach Jahrzehnten die Protokolle lesen, werden aus dem Kopfschütteln nicht herauskommen. Auch in der Gegenwart sind Zweifel am Sinn dieses Treibens erlaubt.

Unter verbalen Gewichthebern werden Bruchleiden zur Berufskrankheit. Geistige Höhenflüge und Eleganz sind die Ausnahme. Was geschieht eigentlich mit den Sprachgeschossen, die da durch die Luft fegen? Das meiste prallt ab an Verhärtungen und professioneller Schwerverwundbarkeit. Doch die, die einander in der Arena bekämpfen, kennen auch die verletzlichen Stellen der Gegner wie der eigenen Gladiatoren. Beifall und Chöre von Zwischenrufen unterstützen den Rhetor der eigenen Seite und werfen den gegnerischen Sprecher nur zu gern – seine Empfindlichkeiten ausnutzend – aus dem Sattel des Selbstvertrauens. Der Wortkrieg findet im Saale statt – mit Batterien eingeübter Injurien, aus denen die Salven krachen.

Zwar hört man jeden Morgen christliche Kirchenglocken durch alle Flure und Büros schallen. Doch sobald die Illusion verklungen ist, regiert das Alte Testament: Auge um Auge, Wort um Wort. Wohl fordern alle Fraktionen die Gemeinsamkeit der Demokraten in der Abwehr unparlamentarischer Sitten. Doch der Vorsatz reicht kaum bis zum nächsten Punkt der Tagesordnung. Was ist los mit der Sprache im Haus der Rednerinnen und Redner? Überall laufen Wörter um die Ecke und suchen hinter der eigenen Bedeutung her. Falls jeder sie nähme, wie sie im Duden stehen, schwerwiegend und unabänderlich, gäbe es vor Duellanten bald keine Parlamentarier mehr.

Wie sich die Wörter gleichen: Kaum hat die Opposition gefordert, der Bundeskanzler solle Minister Matthöfer wegen seiner Äußerung über die chilenische Junta »unverzüglich und unabhängig von irgendwelchen Landtagswahlterminen« aus dem Kabinett entlassen, verlangen Jungsozialisten vom westfälischen CDU-Landesvorsitzenden Heinrich Windelen, Mitglied des Bundestages, wegen seiner »Rotfunk«-Kampagne gegen Mitarbeiter des Westdeutschen Rundfunks den Rücktritt aus dem Verwaltungsrat des Senders. Beides bleibt floskelhaft, denn hinter den Erklärungen steht durchaus nicht die ernsthafte Erwartung, sie würden auch eingelöst.

Verlautbart die SPD, die Union sei »arbeitnehmerfeindlich«, revanchiert sich die CDU/CSU mit Inseratenserien, in denen sie Sozialdemokraten als »bauernfeindlich« brandmarkt. Hatte einst Adenauer die SPD verunglimpft, indem er für den Fall ihres Bundeswahlsiegs den »Untergang Deutschlands« prophezeite, ließ Heinz Kühn rund zwei Jahrzehnte später viele Interpretationen seines Vorwurfs der »Unregierbarkeit« von Land und Bund durch die Union folgen.

Schleudert der Abgeordnete Abelein mit sich überschlagender

Stimme seine Attacken zur Deutschlandpolitik ins Plenum: »Was ist denn mit dem Schießbefehl? Was ist denn mit den Minenfeldern?«, kontert Bundesminister Egon Franke: »Sie benutzen Ihre Formeln, die so alt sind wie Sie« - was nicht gerade eine Logik ergibt, denn Abelein wurde 1930 geboren.

So sicher erwiesen ist, daß die Bürger im Lande ihr Parlament nicht in totale Dauerkonfrontation verbissen sehen wollen, so unweigerlich eskalieren in überreizter Atmosphäre die wechselseitigen Angriffe zum Knockout demokratischer Spielregeln. Da wirft die Opposition der Regierung »ein solches Maß an Gehässigkeit und Unterstellungen« vor, daß »ein fruchtbarer Dialog... ernsthaft in Frage gestellt ist«.

Die Konfliktstrategie füllt den Raum in den Medien. Das sind die Nachrichten, die überall laufen. Gewiß gibt es keine Erfahrung in der deutschen Geschichte, mit der sich dabei schneidender argumentieren ließe als mit der nationalsozialistischen Vergangenheit. So warf der Planungsstab der Unionsfraktion unlängst der Koalition vor: »Die sozialdemokratisch-liberale Propaganda bedient sich der klassischen Schule der psychologischen Kriegsführung, die in ihrer Methodik deutliche Anlehnung an die demagogischen Feldzüge des Marxismus-Leninismus und des Nationalsozialismus findet.« Aus der SPD war zu hören: Unionspolitiker »bedienen sich der gleichen Diffamierungstechniken, die die erste deutsche Republik zugrunde gerichtet haben«. Dennoch reißen sich beide großen Volksparteien nach eigenem Dafürhalten hauptsächlich darum, die »freiheitliche Grundordnung zu verteidigen«.

Als kurz vor seiner Pensionierung Bischof Kunst, Bonner Abgesandter der Evangelischen Kirche, noch einmal drei Dutzend Mitglieder des Bundestages aus allen Fraktionen zum Frühstück einlud, rügte er den Stil der parlamentarischen Auseinandersetzung. Mehrere Abgeordnete aber waren der Meinung: Wir, die wir in die totale Konfrontation verwickelt sind in dieser schwierigen Republik, die seit dem Herbst 1969 unter Dauerwahlkampf leidet, wir werden da nicht aus eigener Kraft herausfinden. Zu heiß sind die Emotionen, zu kraß die polemische Schärfe. Die

Zeichen sprechen dafür – um von Strauß nicht zu reden –, daß ohne gebieterischen Anstoß von draußen heute wie morgen das Parlament nicht den Konsens zur Sachlichkeit finden wird.

Der Vorgang ist rational nicht voll erfaßbar. Wo es um die Macht geht, wird kein Beteiligter annehmen, die Konflikte könnten glimpflich verlaufen. Wie Haftgranaten werden dem politischen Gegner Etiketten angeklebt, als sei er für immer der Feind. Das Arsenal der Waffen reicht von der gespielten Aufregung über die Lust am Verwirren des anderen Lagers bis zu militanter Aggression und verbalem Exorzismus. Nicht jeder hatte dafür eine eigene Sprachbastlergruppe zur Verfügung wie der frühere CDU-Generalsekretär Biedenkopf, dem clevere Semantiker das Stichwort von der angeblichen »Tendenzwende« zulieferten, das sich ebenso zivil wie wirkungsvoll ausnahm. Und keinem geraten die Sprachschöpfungen so knorrig wie Herbert Wehner, der auf die Frage, wie er es mit den Flügeln der Sozialdemokratie halte, nur den einen Satz sagte: »Die SPD ist kein Geflügel.«

Immer aber liegen das Schwierige und das Leichte paradox beieinander. Zuweilen haben die Auftritte der Streitenden etwas von Freistilkämpfen. Nach beendeter Schlacht sieht man die Matadoren abtreten. Und siehe da: eine Stunde später sind sie beim Außenminister zu einem Herrenessen vereint, stehen mit erhobenem Sektglas um die nelkengeschmückte Tafel, die Bäuche umspannt von dunkelblauen Anzügen, und einigen sich in der Selbstfeier ihrer Bedeutung unter lauter Verbeugungen auf die Würde eines jeden einzelnen.

Dann sagt man: »Lieber Herr Kollege.« Keiner denkt an Beleidigungen. Aber vielleicht denkt man auch nicht gründlich genug daran, daß es im parlamentarischen Alltag um nichts Geringeres als den zweiten Versuch geht, eine Demokratie in Deutschland einzubürgern, bis sie zur Selbstverständlichkeit wird.

Auf dem Acker des Wahlkreises

Abgeordnete auf Bewährung

Knapp ein Jahr vor jeder neuen Bundestagswahl kehren die Abgeordneten zur Wiederaufstellung an die politische Basis zurück. Das Ereignis bestimmt ihr Verhalten lange vor dem Ende der Legislaturperiode. Die Wahlkreiskonferenz, die sie als Kandidaten bestätigt oder ihren Untergang besiegelt, ist das Nadelöhr, durch das alle Wege nach Bonn führen.

Unsicherheit bemächtigt sich der Volksvertreter, die bis dahin einen der gesichertsten Berufe ausübten: auf Frist. Sie sind zurückgeworfen auf die Kernfrage nach der Verläßlichkeit der Beziehung zu ihrer Partei. So mancher, der sich selbstherrlich vom Stallgeruch entfernte, erlebt einen durchaus animalischen Abstoßungsprozeß. Jedenfalls wird die Prozedur zum Charaktertest. Es gibt Aufstellungskonferenzen, die auf die völlige Entblößung des Kandidaten hinauslaufen, und es gibt andere, bei denen die Übereinstimmung einer eingeschworenen Mannschaft mit dem Mandatsträger als magische Identifikation gelingt.

Unwiederholbar sind die Höhepunkte wie die Niederlagen, denn rasch wandelt sich das Klima von Zuneigung zu Ablehnung, von Kontakt zu Distanz. Kein politisches Schaltjahr mit Neuwahlen gleicht dem anderen. Nicht einmal Großwetterlagen geben Prophezeiungen für regionale Temperaturen ab. Lorbeeren, die einer in Bonn geerntet hat, dienen nur selten als Trophäe im Wahlkreis. Mag einer Staatssekretär sein, bei der Wiederaufstellung entscheidet die Präsenz vor Ort.

Der Vorgang ähnelt jenen Riten auf bestimmten Südseeinseln, wo eine kräftige Nachkommenschaft die Alten von Zeit zu Zeit auf die höchsten Palmen steigen läßt und unten solange am Stamm rüttelt, bis sich herausstellt, ob einer sich noch oben halten kann. Allerdings rechnen politische Generationen keineswegs nur nach dem Lebensalter – mindestens ebenso nach Richtungen und Zugehörigkeiten, wobei der Trend unter Wechselstrom steht.

In den Wochen, in denen die Entscheidung über Fortsetzung oder Ende der parlamentarischen Rolle sich zuspitzt, fürchten die Abgeordneten jegliche Abwesenheit von der Basis. Aus der Entfernung während der Bonner Sitzungstage können sie nicht ermessen, wer ihnen zu Hause nachstellt. In manchem Kreisverband rühren Widersacher die eigene Werbetrommel von Ortsverein zu Ortsverein. Zeit der Rivalitäten: Durch labyrinthische Kanäle wispert das Gerücht vom Dienst. Die Unabhängigkeit der Bundestagsmitglieder, ohnehin relativiert durch Fraktionszwang und subtilere Formen eines beinahe imperativen Mandats, macht in dieser Phase der Allmacht der Delegierten Platz.

Demokratie in der Urfassung wird von Dramaturgen mit Abstimmungskarte und Mitgliedsbuch inszeniert. Das Stück schrieb das Parteiprogramm, doch die Darsteller tragen auch eigene Texte vor, um so lieber, je jünger sie sind. Soviel auch über die Kandidatenaufstellung nachgedacht wurde, darin sind sich die Kenner einig: Die Theorie nimmt sich so idealdemokratisch aus, wie die Praxis fragwürdig bleibt. Von der Wählerinitiative um Günter Grass stammte deswegen der Vorschlag der öffentlichen Diskussion und Nominierung der Kandidaten, doch die Parteien kennen in diesem Punkt keine Todessehnsucht: sie hüten ihr Privileg.

Die Abgeordneten und solche, die es werden wollen, stehen zuerst unter dem Zwang der Werbung um die eigene Partei mittels der eigenen Person. Was dabei zutage tritt, schillert in allen Farben eines politischen Spektrums. Es gibt keine menschliche Eigenschaft, die in den Aufstellungsgängen nicht ins Spiel eingriffe. Wer wählt schon die Ratio, wenn Emotionen zu haben sind? Mancher Bewerber verknüpft denn auch, was er für sein Heil hält, mit einer Girlande unterschiedlichster Verheißungen von einem Delegierten zum anderen in einem Ausmaß, das ans Wunderbare grenzt.

In jedem Fall steht die Entscheidung der Partei vor der des

Wählers: Für 248 Abgeordnete, die als Direktgewählte durch die Mehrheit regionaler Stimmen in den Bundestag einziehen, bedeutete die Aufstellung im Wahlkreis den Durchbruch. Für 248 weitere und 22 Berliner, die nur über die Liste ihrer Partei, also die Zweitstimmen, nach Bonn gelangen können, bildet die Landeswahlkonferenz die Hürde der Hürden. Folglich gehört das Gerangel um die als sicher geltenden Plätze auf den Landeslisten zu den erbarmungslosen Auseinandersetzungen in der Politik. Der großen Zahl der Wähler ist ohnehin kaum klarzumachen, daß über die Hälfte der Bundestagsmitglieder auf diese Weise Monate vor dem Wahltag praktisch schon gewählt sind.

Welche Qualitäten eröffnen dem einzelnen Bewerber bei einer Partei am meisten Chancen? Kaum etwas ist schwieriger zu beurteilen als die Summe der Eigenschaften, die in diesem oder jenem Fall zum Erfolg führt. Die meisten, die zum Kampf um ein Bundestagsmandat antreten, kommen von weit her. Vor die Zulassung zum Start haben ungeschriebene Gesetze den langen Marsch durch die Hierarchie der Parteien gestellt. Auch die erfahrensten Ochsentouristen werden noch von trickspielenden Funktionären aufs Kreuz gelegt. Manchmal nehmen die Unwägbarkeiten derart überhand, als sei der Zufall der beste Abgeordnete.

Wirft ein altgedienter Parlamentarier das Handtuch, entbrennt in seinem Wahlkreis sofort ein Diadochenkampf. Gewöhnlich ist die erstmalige Bundestagskandidatur am härtesten umstritten: der Sprung von einem Beruf in den anderen, der vor allem Freiberuflern immer schwerer fällt. Wer sich einmal im Zyklus der parlamentarischen Wiedergeburten befindet, hat einen Vorsprung an Kenntnis und oft auch materiellen Mitteln. Den Zutritt freilich erreicht keiner ohne Kompromiß zwischen Loyalität und Eigenständigkeit. Fordert die Basis Unterwerfung, wird sie nur noch Unterwürfige finden.

Als eine Art Regel gilt in allen Parteien: Der Abgeordnete, gleich ob männlich oder weiblich, der einen Wahlkreis in seiner ersten Legislaturperiode intensiv beackert und in der Bevölkerung dadurch Resonanz findet, kann ein zweites Mal mit seiner

Aufstellung und Absicherung auf der Landesliste rechnen. Für die dritte Runde gilt das allerdings nicht genauso – dann stehen nämlich die Zeichen nicht selten auf Gegenwind. Zunehmend vielen Parteimitgliedern ist inzwischen wieder eingefallen, daß Demokratie aus Wechsel besteht. Was aber soll man von den in allen Fraktionen vorhandenen Parlamentariern halten, denen es gelang, vier oder fünf Legislaturperioden zu überdauern, ohne auch nur ein einziges Mal den Mittelpunkt der politischen Szene zu betreten? Ihr Wirken gehört zum Geheimnisvollen und gründet sich auf andere als herkömmliche Leistungsbegriffe.

»Glauben Sie mir«, erfuhr ich von einem älteren Kollegen aus der Opposition, als ich frischgebacken nach Bonn einrückte, »wieder aufgestellt wird in allen Parteien am ehesten der Abgeordnete, der seinen Wahlkreis kumpelhaft betreut.«

In der Tat ist Kameraderie ein erhebliches Bindemittel. Nicht wenige MdBs, die sich vier Jahre lang redlich um ihr Pensum bemühen, kann man denn auch zusätzlich bei merkwürdigen Verrenkungen erleben, die alle darauf abzielen, dem Abgeordneten Popularität – in erster Linie bei den jeweiligen Delegierten des Aufstellungsparteitags – zu sichern. Böse Zungen behaupten, dies genüge eigentlich im Regelfall.

How to be popular? Das US-Syndrom der Gefälligkeitspolitik ist längst eingedeutscht. Um im Wahlkreis von Person zu Person auf dem Laufenden zu bleiben, führen einige Abgeordnete Buch übers Zipperlein der Großmutter, die Wehen der Enkelin oder die Schnapssorte, die der Bürgermeister mag, aber auch über den Bundeswehrauftrag für die Bauschreinerei, den summa-cum-laude-Sohn des Betriebsrats, die 6000-Liter-Kuh des Vorsitzenden vom Bauernverband und die Afrikareise des ADAC-Lokalmatadors.

Andere bringen die Politik und sich selber wie Handelsreisende unter die Leute: lauter Stromlinienmodelle von Denkarten – noch die Innenansichten glänzen verchromt. Mancher schickte jahrelang Geburtstagstelegramme zu Tausenden in den Wahlkreis, bis das durch Verwaltungsanweisung für die Fernschreibstelle des Bundestags erschwert wurde. Wieder andere werden des Idealismus nicht müde und umsorgen eine weite Fläche wie ein politischer Landpfarrer. Kein Bemühen bleibt unversucht, keine Befürchtung unbefürchtet im großen Kommunikationsverlangen der Gewählten nach ihren Wählern.

Man hat es sich – buchstäblich – etwas kosten lassen. Als man kandidierte, wurde man von Parteifreunden nicht nur gefragt, woher man kam, sondern auch: wieviel man mitbrachte. Mancher hat sich im Wahlkampf mit Schulden überladen und zahlt daran eine Legislaturperiode lang ab. Landsknechtsmethoden und Wegelagerei sind in dieser Beziehung in den Parteien durchaus üblich. Noch dazu übt man als Abgeordneter jetzt diesen faszinierenden Beruf aus, bei dem man um so weniger verdient, je mehr man arbeitet. Wenn zum Beispiel ein Großstadt-MdB viel zu Hause bleibt und seine Spesen spart – er kann ja bequem alle Stationen im Wahlkreis zu Fuß erreichen –, ist er weit besser dran als einer, der in der Provinz 30 000 Dienstkilometer pro Jahr im eigenen Auto fährt und manchmal bei miserablem Wetter auf der Strecke bleibt.

Die Chancenungleichheit zwischen Beamten, Professoren und Verbandslobbyisten im Parlament und ihren Kollegen, die den Status von kleinen Selbständigen oder Arbeitnehmern erfüllen, wurde durch den Spruch des Bundesverfassungsgerichts mit Gesetzesfolge teilweise abgebaut. Aber glaube niemand, das Thema Geld und Politik sei jemals ganz ins reine zu bringen. Dafür geht es in allen Abgeordnetenhäusern – wie anderswo auch – allzu menschlich zu. Dies einzusehen heißt noch lange nicht es billigen. Schlimm ist jedenfalls das Bundestagsmitglied dran, das sich vom Mandat wirtschaftlich vollkommen abhängig machen läßt und im Fall des Versagens oder des Konflikts mit der eigenen Partei nicht wieder in den ursprünglichen Beruf zurückkehren kann. Sozialfälle dieser Art spielen bei den Wiederaufstellungen aller Parteien eine makabre Rolle.

Im übrigen gibt es kaum einen Abgeordneten, der nicht unter einem unaufhebbaren Dilemma leidet. Am Tag der Wahlkreiskonferenz, wenn der Rechenschaftsbericht zu geben ist, stellt sich noch jedesmal heraus: die Tätigkeit eines Parlamentariers ist in der Regel nur äußerst unzulänglich vermittelbar. Der Abgeordnete vermag nicht zu erklären, was er im Bundestag tut – jede Einzelheit setzt zuviel Detailkenntnis voraus. Für das Irrationale dieser Arbeit haben die Wähler obendrein wenig Verständnis. Wohl die Beteiligten, nicht aber die Betroffenen bringen für alle Widersprüchlichkeiten des Politikerberufs hinreichend Geduld auf.

Es sind die Menschen, die Politik machen. Wenn sie wieder kandidieren, zurückgeholt an den Ausgangspunkt, zu dem viele den Kontakt niemals wirklich verlieren, entdecken sie auf dem Prüfstand der Parteien ihre ganz persönliche Sprachlosigkeit. Das war nie eine Frage der Rhetorik, die – wie das Zähneknirschen und das Lachen – eingeübt gelingt.

Marathon für die Stellen hinter dem Komma

Erfahrungen eines Wahlkreiskandidaten

Im politischen Großherbst, in der Regel alle vier Jahre, bricht die Brunft der Bundestagswahl aus. Alte und junge Hirsche röhren landauf und landab. Die Wähler haben manchen Anlaß, sich wie die dazugehörigen Kühe vorzukommen – jedenfalls werden sie von den Rivalen oft so behandelt. In der Dämmerung auf Schneisen, wo Achtender und Sechzehnender mit entsprechenden Legislaturperioden auf dem Buckel gegen Debütanten um die Erneuerung ihres Mandats kämpfen, kann man auch Elemente eines Geschlechtertauschs beobachten. Kandidatinnen hegen auf ihre Weise nicht weniger Eroberungsgelüste als Kandidaten. Das Publikum aber, weiblich mit jedem Raffinement, setzt der Mehrzahl der Röhrenden allemal neue Hörner auf. Auch wenn sich dabei herausstellt, daß mancher Bewerber schwerlich ein Hirsch, sondern eher ein Hirschkäfer war.

Wenn alles vorüber ist und die politische Urnatur ihren Orgasmus hatte, liegen überall Worttrümmer herum. Wie kann man es wieder zusammensetzen, das Puzzle aus Bilderscherben der genialen Vorstellung einer Demokratie? Wie immer einer vom Ergebnis betroffen wurde, es herrscht nirgends Grund zu purer Zufriedenheit. Mehr Bereitschaft zur Kommunikation wird gebraucht, als zwischen den Parteien verfügbar ist. Zu tief wirken Verletzungen nach, die einer dem anderen beibrachte. Schon sammelt jede Seite die Munition zum neuen Wortkrieg.

Dabei erfordert das Gemeinwohl jetzt kaum etwas dringender, als wenigstens einen Teil der Konfrontation abzubauen, doch der Handlungsspielraum in Bund und Ländern bleibt auf Trugalternativen fixiert: Hätten wir nun die Freiheit, wenn Kohl Kanzler wäre? Haben wir jetzt den Sozialismus, weil Schmidt es blieb? Werden Strauß und Filbinger je anerkennen, daß der wahlfähige Teil unserer Bevölkerung trotz ihrer geballten Provokation, wie knapp auch immer, 1976 zum drittenmal so und nicht anders entschieden hat?

Für den einzelnen Kandidaten, der erneut oder erstmals dem Bundestag angehört, gibt es ein Erwachen, als sei er unter Wortabfällen verschüttet. Während er sich ausgräbt, mit eigener Kraft eher als durch Nachbarshilfe, überprüft er vielleicht den Bestand an Sagbarem auf die weitere Verwendbarkeit. Rings um sich verstreut sieht er das Rednermaterial der Parteizentrale und auch Ruinen selbsterrichteter Argumente. Zwar ist nach dem Wahltag nicht alles falsch, was zuvor galt, aber die Verpackungen gehören zum Kehricht wie überalterte Nachrichten im Fernschreibmüll aller Agenturen.

Für manchen Ernüchterten findet ein Kahlschlag statt. Auch die persönliche Sprache hat zu sehr gelitten, als daß sie nicht des energischen Bemühens um Erneuerung bedürfte. Selbst lange gehegte Überzeugungen verloren in der Wahlschlacht zu oft das Entscheidende: ihre Identität durch glaubwürdige Formulierung.

Wenn man die Lautsprecher vom Auto nimmt, die Tonbänder löscht und die Poster abkratzt, läßt die plötzliche Stille einer Benommenheit Raum. Sie ist eine Chance für die Nachdenklichen, zu denen Politiker wenigstens in Augenblicken der Besinnung gehören möchten. Die Analyse dessen, was hinter einem liegt, fällt um so schwerer, als man Beteiligter und Zeuge eines massenpsychologischen Vorgangs war, in dem das Irrationale übermächtig wurde. Selbst die Intelligenzen, die diesen Prozeß zweckvoll in Gang setzten, konnten ihn am Ende kaum noch bändigen. Für einige Wochen hatte er sich verselbständigt zu einem Mahlstrom aus Unwägbarkeiten. Unkalkulierbare Entwicklungen, vorbereitet durch die aufgeheizte Intoleranz gegenüber Andersdenkenden, erschienen vielerorts möglich.

Wer wäre als Gallionsfigur eines regionalen Wahlkampfs nicht mit knisternden Signalen der Eruptionsbereitschaft im öffentlichen Klima in Berührung gekommen? Wußten wir alle, wie bedrohlich die Situation für die Qualität unserer Demokratie war?

Man muß dankbar sein, daß in explosiven Augenblicken kein Funke flog und sich trotz militanter Polarisierung des Parteienkonflikts in der Bevölkerung ein Bedürfnis nach Mäßigung durchsetzte. Vor allem blieb der von vielen befürchtete Terrorakt nach dem Muster der letzten Landtagswahlen von Berlin und Nordrhein-Westfalen aus. Wieviel dafür im Hintergrund des Geschehens von namenlosen Bewachern geleistet wurde, das gehört zur Habenseite der Bilanz des 3. Oktober 1976.

Jedenfalls wird in Wahlzeiten eine Menge Scharfsinn darauf verwendet, die Menschen für dumm zu verkaufen. Die unheilvolle Einsicht, daß die Zahl der kritischen Wechselwähler, die auf Sachargumente und Zukunftsperspektiven ansprechen, für Bewegungen von mehrheitsverändernder Dynamik in der Regel zu gering ist, läßt der Neigung zum Emotionalisieren der Auseinandersetzung ihren anfangs lenkbaren, bald aber eigengesetzlichen Lauf.

Wer von denen, die das in den Wahlkampfzentralen verantworten, ermißt die volle Konsequenz angesichts der Manipulierbarkeit eines Großteils der Wähler? Sie einzugestehen, bricht mit einem Tabu unserer Gesellschaftsordnung, nämlich mit der beliebt gewordenen Fiktion vom mündigen Wähler, die der jeweils besser Abschneidende für sich beansprucht. Doch wieviele Wähler begreifen die maßlosen Übersteigerungen nicht, mit denen sie Monate vor dem Stichtag überschüttet werden! Kein Volk hört plötzlich auf, durch Demagogie verführbar zu sein, zumal die Uninformiertheit mit jeder neuen Generation nachwächst. Wir leben in einer immer noch jungen, durch historische Eigentümlichkeiten deutscher Herkunft keineswegs ungefährdeten Demokratie. In dieser Tatsache müßte die so oft beschworene wie vermißte Gemeinsamkeit der Demokraten ihren Angelpunkt haben.

Der einzelne Kandidat mit seinen bemühten Mitstreitern kann meistens nur Stellen hinter dem Komma verändern. Er ist der Sisyphus vor Ort, beim Rollen der Felsbrocken ganz und gar abhängig vom Verlauf des großen Trends. Mochte 1972 ein Unionspolitiker im Wahlkreis seinem sozialdemokratischen Gegner individuell überlegen sein – er hatte kaum eine Chance, die enge Beziehung seiner Stimmenzahl zum Gesamtergebnis seiner Partei zu durchbrechen. 1976 erging es manchem Sozialdemokraten entsprechend. Ausnahmen von dieser Regel ergeben sich am ehesten aus der bundesweiten Prominenz eines Politikers oder der Kontinuität mehrerer Legislaturperioden.

Weit über die Zielbestimmung von Verfassung und Wahlgesetz hinaus bleiben die Resultate der Erststimmen an die Zweitstimmen gekoppelt. Von diesem Tandem kann keiner absteigen. Sich auch nur ein Prozent – knapp zweitausend Stimmen – vorteilhaft vom Anteil der eigenen Partei zu unterscheiden, erfordert Mammutarbeit und nützt obendrein nur Kandidaten, in deren Wahlkreis die Partei die Chance der Direktwahl besitzt.

Diese Erfahrung relativiert alle Bemühungen in der heimischen Region. Es ist eine weitgehend euphemistische Annahme, daß Personen gewählt werden – außer an der Spitze. Zwischen der pesönlichen Anstrengung und dem uniformen Schicksal der Partei bleibt je nach Konstellation eines Wahlkreises für den einzelnen Abgeordneten eine Spannung bestehen, die produktiv zu machen mitunter schwerfällt.

Ohne ein Maß an Selbsthypnose um der Sache willen ist deswegen manche lokale Energieleistung zwischen Traunstein und Flensburg kaum zu erklären. Von einem bestimmten Augenblick an wird der Kandidat außerdem zum Gefangenen der Wahlkampfkonzeption. Sie setzt sich für ihn zusammen aus den allgemeinen Beschlüssen seiner Partei und persönlichen Zutaten, je nach Können und örtlichem Kolorit. Wochenlang, monatelang sitzt er dann wie festgeschweißt auf einem Zug, der vom eingefahrenen Gleis nicht mehr herunterkommt.

Er wird in seiner Gruppe angefeuert und steigert sich selbst durch eine Verbissenheit des Kämpfens, die wie im Manöver von den Informationen des Generalstabs immer unabhängiger wird. Zumindest für die Dauer des Unternehmens feit die selbstgängerische Betriebsamkeit bis zu einem gewissen Grad gegen Zweifel oder gar Beeinträchtigung durch das zwischendurch aufblitzende Bewußtsein von Absurdität.

Denn absurd ist es schon, wenn sich fast überall generationenalte Riten behaupten, als habe sich die politische Landschaft nicht inzwischen grundsätzlich gewandelt. Bei Sozialdemokraten gehört dazu die Frühnebelposition vor dem Fabriktor. Da steht der Kandidat und möchte solidarisch Material an Arbeiter verteilen. Die aber fahren im Mittelklassewagen bei geschlossenem Fenster an ihm vorbei und parken auf werkseigenem Gelände, das er nicht betreten darf. Unionspolitiker andererseits müssen sich daran gewöhnen, daß das Jammern über angebliche politische Mißernten keineswegs mehr bei allen Bauern zieht. Liberale und Leitende sind erst recht kein Synonym.

Das Vorstellungsvermögen der Wahlkämpfer bleibt dennoch in allen Lagern zu oft asynchron zur Gegenwart. Man schmort zu ausgiebig im eigenen Saft, erfährt fast nur die Bestätigung durch Getreue oder stereotype Ablehnung aus dem anderen Lager. Wer unter den normalen Sterblichen der Politik erreicht auf der Marathonstrecke auch nur fünf Prozent noch unentschiedener Wähler in seinem Revier?

Vom Fernsehen, wo Entscheidungen stattfinden, weiß der Kandidat immer weniger, weil er ständig und überall in Aktion ist. Immer häufiger fungiert er als das ausschnitthafte Abziehbild einer Schlacht, die ganz woanders geschlagen wird. Geliehene Wörter, der Wahlkampf als Kostümverleih. Ohnehin werden die Kampagnen immer amerikanischer, als könne man die Bundesrepublik im Stil von Fernsehspots für große Saubermacher regieren. Nur fehlt hierzulande der dazugehörige Sinn fürs Tieferhängen, ja für öffentliche Selbstironie.

Zu den exemplarischen Erlebnissen gehört schließlich, daß der Kandidat eines Tages Unterstützung durch einen der großen Politiker erhält. Das gibt ihm Gelegenheit, vor Vieltausend unter freiem Himmel zu sprechen. Ein paar Minuten, dann unterbricht ihn der Begrüßungsmarsch. Während der Große die scheinwerferbeschienene Menge in Jubel und Pfiffe teilt, gibt es Anlaß darüber nachzudenken, in welchen Jahresringen unter wie vielen Voraussetzungen politische Profile wachsen. Der Große erwähnt den Kandidaten. Das ist ein Augenblick, in dem tausendköpfige Zustimmung überspringt. Später steht man unter den Klängen der Nationalhymne. Man steht betroffen und weiß nicht genau, von was.

Wenn der Wahltag geklärt hat, was klärbar war, und der Abgeordnete wieder nach Bonn einrückt, bestätigt durch Wiederkehr und Blessuren auch in der eigenen Fraktion, nimmt er sich vor, vieles rationaler zu machen. Weniger Lappalien, mehr Effektivität. Eines aber ist sicher: Vor ihm liegen wiederum Jahre energischer Arbeit für die Stellen hinter dem Komma.

Freude an der Politik?

Im Deutschen Bundestag läuten während der Sitzungsperioden jeden Morgen um 8.30 Uhr Kirchenglocken vom Tonband. Sie läuten durch alle Büros. Aufgezeichnet hat man dafür die Glokken des Kölner Doms. Man kann sie nicht völlig abstellen, während man dort am Schreibtisch frühstückt, telefoniert oder diktiert. An dem Gottesdienst, zu dem sie rufen, nehmen nur wenige Abgeordnete teil. Kaum einer kümmert sich darum. Zwischen dem Anspruch auf christliche Politik und der Wirklichkeit bleibt eine alltägliche Kluft.

Wer sie beobachtet, wie sie kommen und gehen, die Volksvertreter, muß sich fragen: Was sind das für Menschen, die Politik in den Parlamenten treiben? Von welchen Oberflächen und Tiefen, Ehrgeizen und Trieben, Vorhaben und Verhinderungen werden sie bestimmt? Sie verantworten die Gesetzgebung für sechzig Millionen Mitbürger. Natürlich haften ihnen alle Unzulänglichkeiten des Wählervolkes an, dem zu dienen man sie in die Hauptstadt des Bundes oder eines von elf Ländern entsandt hat.

Politik kann vieles vermitteln für den, der daran teilhat: Erweiterung des Blickfelds, Befriedigung durch sachverständige Tätigkeit, Lustgewinn, Feedback, Bestätigung für das Geltungsbedürfnis, sogar das Bewußtsein, gemeinnützige Aufgaben nach angestrengtem Gewissen zu erfüllen. Aber Freude? Wenn Freude weit über jedes Vergnügen geht, wenn sie gekennzeichnet ist unter anderem durch die Steigerung alles Individuellen, das sich vom bloß Egozentrischen löst, und durch befähigtes Handeln einen allgemeinen Sinn erreicht, sollte man vorsichtig sein mit dem Begriff der Freude in der Politik. Denn meist handeln Politiker aus ebenerdigeren Vorstellungen.

Kaum ein anderer Beruf setzt die einzelne Person so vielen Anfälligkeiten für Verhärtungen aus wie der politische. Nicht umsonst erscheinen manche Abgeordnete kritischen Zeitgenossen am überzeugendsten dann, wenn sie das Abbild vom strahlenden Ungebrochenen gar nicht erst zu imitieren versuchen, sondern etwas spüren lassen von der Melancholie ihres unromantischen Metiers: ein Lächeln über begrabenen Hoffnungen, erfahrenen Niederlagen, Zwängen und dennoch nicht endenden Ausbruchsversuchen.

Ich habe nicht aufgehört nachzudenken, seit man mir die Frage gestellt hat, was Freude in der Politik bedeutet und ob es sie tatsächlich gibt. Es ist eine gute Frage. Denn wäre Freude in der Politik unmöglich, fehlte der *res publica* das Entscheidende: die Dimension der Humanität.

Jedenfalls muß sich Genauigkeit abverlangen, wer dieser Frage nachgehen will. Er muß von sich sprechen, nicht um eitler Selbstbeschäftigung willen, sondern im Bemühen um Versachlichung der eigenen Person. Jeder Politiker wird auch zu einem Instrument der Öffentlichkeit. Das gilt für Dirigenten und Solisten wie für Streicher und Bläser mittleren Rangs oder Hinterbänkler. An ihnen brechen sich Wünsche und Abneigungen, Hoffnungen und Befürchtungen, bricht sich Zutrauen oder Haß der vielen, die Politik nur passiv erfahren.

Unter diesem Erwartungsdruck besteht immer die Gefahr, daß Ideologien der einen oder anderen Lesart, die allesamt nur die Prostituierten unter den Ideen sind, mit Politikern ihr verdummendes Spiel treiben. Niemand kann sich obendrein ein für allemal schutzen gegen die Vergröberung des ursprünglichen Antriebs, der am Anfang seines politischen Werdegangs stand. Keiner unterschätze aber auch die Zahl der Politiker, für die ihre Existenz und ihr Handeln noch immer untrennbar sind von idealgedachter Orientierung im öffentlichen Engagement.

Diese Voraussetzung hat Kenias Staatschef Jomo Kenyatta gemeint, als er 1968, mit 78 Jahren, in seinem Buch »Suffering without Bitterness« (deutsche Ausgabe: »Leiden ohne zu klagen«) schrieb: »Politik ist eine Arena mit fürchterlichen Fallgruben für einen Mann von Idealen. Doch ohne die Triebkraft von etwas Idealismus ist der Politiker ein steriler Mensch.«

Wenn dies auch viele für sich gelten lassen möchten – wo wäre ein Politiker, den man auf eindeutige Voraussetzungen festlegen könnte? In der Regel sind es vielschichtige Gründe, die den einzelnen vor zehn, zwanzig oder mehr Jahren bewogen haben, einer Partei beizutreten. Es sind noch mehr Gründe – die er nach und nach fand, um dabei zu bleiben. Neukommer, die durchbrennen und aus einer Position der Unabhängigkeit geradewegs ins Zentrum der Politik vordringen, bleiben in allen Parteien eine Rarität.

Der berühmte Stallgeruch soll einem anhaften, derb oder scheinbar vornehmer, doch unumgänglich. Für Frauen, gerade wenn es ihnen widerstrebt, gilt das erst recht in diesem männlichen Terrain. Zwischen Selbstüberwindung und Selbstverleugnung liegt nur ein schmaler Grat – auf ihm übt sich der Hang aller Politiker zur Kommunikation mit gleich oder ähnlich Gesinnten um eines Zweckes willen. Solidarität ist dafür ein großmeinendes, doch keineswegs immer übertreibendes Wort.

Wer wollte leugnen, daß bestimmte psychologische Merkmale zur Kondition des Politikers gehören? Bei allen unterschiedlichen Ausprägungen gibt es, will mir scheinen, so etwas wie eine Homotypie der Grundstruktur. Jedenfalls läßt sich mit dieser Vorstellung manches Spiel des politischen *homo ludens* spielen. Die Fähigkeit, über sich selber zu lachen, gehört dazu.

Wer wollte anders die fast schon perverse Neigung zum Herzeigen der eigenen Person ertragen, ohne die kein Politiker jemals gewählt wird? Anders auch wäre die zumindest zeitweise vorhandene Bereitschaft zu willentlicher Naivität wider alles Differenzierungsvermögen kaum entschuldbar. Bei manchen Politikern kann man es bis in die Kindheit zurückverfolgen, das unersättliche Verlangen, im Mittelpunkt jedweder Umwelt zu stehen.

Wenn die Debatten im Bundestagsplenum ein widervernünftiges Maß an Konfrontation erlangen, geschieht es manchmal, daß mir die Physiognomien der Streitenden vor einem inneren

Auge wie in einem Film zurückgespult erscheinen. Dann sehe ich sie plötzlich alle um ein oder zwei Generationen verjüngt, sehe sie in der Sandkiste mit Matrosenkragen und kurzen Hosen, aufgeregt mit durchgedrückten Knien, wie der eine sich gegen den anderen verteidigt und jeder zu triumphieren trachtet. Sind es nicht in aller Pausbäckigkeit dieselben verkniffenen Gesichter, dieselben gepreßten Lippen und stirnverzerrende Empörung? Rasch spule ich den Film wieder vorwärts ins Zeitgeschehen und kann mich eines befreienden Lachens nicht erwehren. Ja, ich habe mir das Spiel als Rezept gegen Ingrimm verschrieben. Ich nenne es: Alle zurück in die Sandkiste. Dort in Kindertagen gab es auch immer einige, die besonders gern mit Dreck warfen, aber selbst nichts abbekommen mochten. Der Liedvers fällt mir ein: »Spiel nicht mit den Schmuddelkindern...«

Wohl hat das alles eine Menge mit dem Willen zur Selbstbehauptung und der Suche nach jener extrovertierten Identität zu tun, die sich im Reflex der Umgebung profiliert, doch wenig mit Freude im anspruchsvollen Sinn des Wortes. Eher mit Kompensation, und da wird es schwierig. Denn nicht selten ist ein Defekt der Ausgangspunkt politischen Ehrgeizes. Eine frühe Verletzung im charakterlichen Eigenbild. Ein körperliches Handicap. Berufliches Scheitern auf anderen Wegen. Eine außerordentlich einseitige Veranlagung, die als Mangel empfunden wird und das Verlangen nach Ausgleich, nach gegenteiliger Betonung weckt.

Nicht von ungefähr stößt man in der Politik auf so viel Aggressionen und so wenig Gelassenheit. Auch wenn die Schaukämpfe wiederum, wie jedermann weiß, durch schauspielerische Talente abwechselnd dramatisiert und gemildert werden. Zumindest ergibt nicht jede politische Bühnenleiche gleich einen Toten fürs Beinhaus.

Die Erfüllung politischer Rituale ähnelt der in anderen Professionen. Dazu gehört die immer von neuem verblüffende Fähigkeit der Politiker, sich untereinander zu arrangieren und chamäleonhaft Meinungskostüme zu wechseln. Ebenso die Treffsicherheit der Westentaschenpsychologie, mit der die meisten den Stand der jeweiligen Mehrheitstendenz ermitteln –

gleich ob im Ortsverein oder in der Fraktion. Fast alle Politiker sind außerdem bessere Redner als Zuhörer, immer getrieben von einer Unruhe, die einen leicht manischen Zug hat.

Ähnlich wie bei Künstlern, mit denen Politiker sonst so wenig gemein haben, scheint das Kennzeichen für das Persönliche, das einer in seinen Beruf einbringt, in vielen Fällen eine, wenn auch nur leichte und wohlverborgene Abnormität zu sein. Etwas Irreguläres, das für den Betroffenen, unbewußt oder eingestanden, eine Herausforderung bleibt.

So gesehen ist das individuelle Stigma das Aufschlußreiche an einem Politiker. Das gibt der Politik ernsthaft auch eine tiefheitere Seite. Fatal wirkt das nur in Fällen völliger Abwesenheit von Humor, die in Deutschland leider niemals auszuschließen ist. Sonst aber stehen diese Unzulänglichkeiten keineswegs in unlösbarem Widerspruch zu parlamentarischen Sternstunden. Dazu ist Politik ein viel zu komplexes Geschehen.

Höhepunkte der Freude ergeben sich für den politischen Kopf weniger aus dem Applaus der Menge, begrenzt auch nur aus jener Form multiplizierter Zustimmung, die unbezweifelbar der Person gilt – nein, sie stellen sich ein aus einem Prozeß der Verwirklichungskraft, der eine nachgerade katholische Geduld erfordert: nämlich durch die mühsam erworbene Mehrheitsfähigkeit für den schöpferischen Impuls zu einer Veränderung, welche die Existenz vieler Personen betrifft.

Der Politiker will verändern. Er will Entwicklungen aus der Gegenwart in die vorhersehbare Zukunft einleiten, die ihm nicht nur sinnvoll, sondern notwendig erscheinen. Er kann diese Politik in einer Demokratie nicht an den Menschen vorbei betreiben, obwohl er übermenschliche Kräfte besitzen müßte, wollte er die Mehrheit der Zeitgenossen immer für einsichtig halten.

Der Gestaltungswille wichtiger Politiker braucht deswegen Charisma, um große Wählerzahlen, die Masse, für die eigene Konzeption zu gewinnen. Es wächst keine politische Mehrheit ohne die Beeinflussung tieferer emotionaler Schichten. Intelligente Sachpolitik muß daher wenigstens teilweise transformiert werden in ein mehrheitsfähiges Gefühl von allgemeiner Bewegungskraft. Die Qualität der Verantwortung eines Politikers vor der Gesellschaft drückt sich unter anderem darin aus, wie er mit der Tatsache umgeht, daß seine Vision der Zukunft in den Medien wie vor großen Menschenansammlungen nur äußerst vereinfacht dargelegt werden kann. An diesem Kriterium scheiden sich Demagogen von Moralisten und Demokraten von totalitären Politikern. Das Publikum hat, so häufig es schwankt, ein untrügliches Empfinden dafür, welchem Typ des Politikers es sich zuwenden will.

Die Konkretisierung ist es, die Freude macht. Das Herausarbeiten eines Projekts aus einem Wust von Widersprüchen, Gegenvorschlägen und Unklarheiten zu einer greifbaren Konzeption. Der Vorgang des Stimmensammelns, des Überzeugens zunächst der eigenen Leute, dann der anderen Seite, so weit das erreichbar ist. Niemand, der zu den Praktikern gehört, ohne dadurch Theorien abschätzig oder ahnungslos gegenüberzustehen, darf von sich behaupten, er könne dabei die Grenze zwischen Überzeugen und Überreden immer genau ausmachen. Die Leidenschaft des Verwirklichens nimmt manche Bastion im Sturm, vor der die Ratio zögert, ohne an Selbstzweifeln zugrundezugehen. An diesem Punkt braucht der Politiker offene Ohren für kritische Berater oder er kann sich nicht länger zu den Klugen rechnen.

Natürlich ist die Macht, die der Politiker mit der Wirkung seiner Durchsetzungskraft erlangt, ein Stimulans. Allein um der Verantwortung gegenüber der Allgemeinheit oder bestimmten Gruppen willen, so aufrichtig sich der einzelne Politiker dadurch auch motiviert sehen mag, wird kein David einen Goliath fällen, keine außerordentliche politische Begabung sich Raum verschaffen. Auch politische Schöpfungen wollen mit Lust gezeugt sein. Nicht zuletzt deswegen empfinden viele Politiker den Streß des Unterwegsseins als gering im Vergleich zur Freude bei der Ankunft an Teilzielen.

Diese Fähigkeit zur Freude ist in der Regel zu schwierig erworben, als daß sie mit billigem Triumph über politische Gegner verwechselt werden könnte. So scheu gerade die Wortreichen mitunter gegenüber großen Worten sind – es gibt ein Ethos demokratischer Politik, das Gegensätze überwindet. Am deutlichsten ergibt es sich aus der Friedenspflicht. Aus der langen und bitteren Erfahrung, daß hundertprozentige Lösungen nicht nur unerreichbar sind, sondern daß sie unmenschlich wären. Aus dem Wissen um die Notwendigkeit, Konflikte, die ausgereizt sind, im Kompromiß zu überwinden und aus Steinen des Anstoßes gangbare Wege zu bauen. Freude will sich dabei selten einstellen, wohl aber ein Gefühl der Befriedigung an der Genügsamkeit der Vernunft.

Reiz und Herausforderung der Politik bleiben zudem durch die Reichweite des einzelnen relativiert. Es wäre falsch, Freude an der Politik als Privileg der Erfolgreichen zu begreifen oder die Vorstellung nur auf Höhen und Tiefen im Dasein von Spitzenpolitikern zu beziehen. Im Mittelbau der Politik, unbesichtigt von den Medien, wachsen nicht selten handfeste Erfüllungen. Im Gesetzesalltag, in der Wahlkreisarbeit, wo die Möglichkeit der Freude weniger geschmälert wird durch untragbare Verantwortung. Auch in dieser Dimension ereignen sich alle Unfälle, Skrupellosigkeiten, Sinngebungen und Glaubwürdigkeiten der Politik.

Als ich mit dreiundvierzig Jahren im Sommer 1969 dem sozialdemokratischen Ortsverein »Alte Heide« im Münchner Norden beitrat, geschah das in der Aufbruchstimmung »Mehr Demokratie wagen« unter Willy Brandt. Es war auch mein Versuch einer Antwort auf die Herausforderung der Außerparlamentarischen Opposition in ihren überzeugendsten Tagen. Schließlich wollte ich mit erweiterten Realisierungsmöglichkeiten etwas fortsetzen, das im Schriftstellerverband begonnen worden war. Wie sehr die Phase der Reformbereitschaft für die Mehrheit der Bevölkerung in der Bundesrepublik eine Ausnahme war, haben wir alle, die wir damals von Politik neu fasziniert wurden, inzwischen begreifen müssen.

Oft werde ich nach dem Ausmaß meiner Enttäuschung gefragt, doch dieses Wort ist für mich kein politischer Begriff. Ein Jahrzehnt ist ein geringer Zeitraum in der Politik. Mehr als einen

Stimmungsumschwung muß man überdauern, um wenigstens einen Teil von dem durchzusetzen, was andere und man selber sich vorgenommen haben. Das Problem besteht nicht darin, daß von irgendwoher stürmische Veränderungen drohen, es besteht vielmehr im bewegungslosen Zustand der Gesellschaft und der wechselseitigen Blockierung der politischen Kräfte wider allgemeine Vernunft.

In der zweiten Legislaturperiode lebe und arbeite ich während der sitzungsfreien Wochen im Wahlkreis Oberallgäu und habe als einer von seit dem 3. Oktober 1976 nur noch 29 bayerischen Sozialdemokraten im Bundestag auch den Unterallgäuer Stimmkreis mitzubetreuen.

Freude an der Politik heißt hier Freude über den Ausbau einer Bundesstraße, den man etwas beschleunigen konnte. Das beruhigende Gefühl beim Anblick eines Hallenbades, das noch nicht dort stünde, wenn man nicht als erster dafür eingetreten wäre – vielleicht. Miturheberschaft an einem bundesgeförderten Abwasserzweckverband. Freude kann daraus erwachsen, daß man wie ein politischer Landpfarrer von Dorf zu Dorf zieht, anfangs skeptisch, dann immer offener aufgenommen, aus dem langfristigen Bemühen, Demokratie lebendiger zu machen, wo immer man in einer Hochburg der anderen etwas ausrichten kann.

Außerdem gibt es noch einen imaginären Wahlkreis, der mich in die Pflicht fordert, den der Künstler und Autoren in der Bundesrepublik. Ich habe mir nie angemaßt, Sprecher der Intellektuellen im Bundestag zu sein. Aber es gibt eine Menge zu tun in der Gesetzgebung für die künstlerischen Berufsgruppen: Sozialversicherung, Urheberrecht, Steuerrecht. Die Kulturförderung bleibt ein Entwicklungsprojekt in einem Land, das sich gern Kulturstaat nennt, doch ein harter Wirtschaftsstaat ist.

Dicke Bretter überall. Und die Waffe des Schreibens nicht stumpf werden lassen. In der eigenen Partei zu denen gehören, die sich nicht mit dem Zustand der Demokratie und der Freiheit zufrieden geben wollen. Wenn es die Aufgaben sind, in denen die Freude steckt, hinter der Bitterkeit von Rückschlägen, im Widerstreit von Intensität und Geduld, im Ermessen der Gren-

zen, die einem gesetzt sind, und den Dingen, die man bewegen
möchte, kann ich nur dem Bauern in meinem Allgäuer Wohnort
rechtgeben, der mir neulich angesichts eines schwarzen Himmels
beteuerte: »Da sind noch so viele schöne Tage hinter den Bergen,
die kommen alle noch.«

Als Basis die Provinz

Porträt eines Wahlkreises

Oft, wenn ich Bonn verlassen habe und nach dem Flug auf der B 12 von München ins Allgäu fahre, kommt mir ein Schaufenster aus Kindertagen in den Sinn. Das war in Hannover hinter einer Scheibe, die im Winter von meinem Atem beschlagen wurde. Hinter dem Glas fuhr eine elektrische Eisenbahn über Brücken und durch Täler. Papiermachéberge waren bezuckert, Seen und Flüsse in die Rinnen geklebt. So weiß, blau und grün ist die Albau oder das Albgeäu, wie die Landschaft früher hieß.

Wenn man Kempten durchquert hat und weiter nach Süden fährt ins Obere Illertal, wiederholt sich an Föhntagen das Spielzeughafte in natürlicher Größe. Grünten und Mittag, unsere Hausberge, springen in der Luftspiegelung so nah heran, als wollten sie mir auf die Kühlerhaube fallen. Zwischen Zirruswolken und Insektenflügeln flirrt es wie Glaswolle und treibt die Hitze in den Kopf. Beim ersten Halt hinter einem Viehabtrieb betrachte ich die Gemächlichkeit. Das Allgäu hat mich wieder.

Wenn es keine Jungsozialisten gäbe, wäre ich nicht hier. Alles begann in einem Ortsverein im Münchner Norden, der Alte Heide hieß. Dort war ich erst im August 1969 der Partei beigetreten und hatte mich gleich zu Anfang ziemlich unmöglich gemacht. Die Mitglieder waren städtische Angestellte, Metallarbeiter, Kriegerwitwen, Jungsozialisten aus der Studentenstadt, Physiker vom Max-Planck-Institut, ein paar Freiberufler wie ich und ein Totengräber vom Nordfriedhof. Als sie mich fragten, worauf ich hinauswolle, erwähnte ich den Bundestag. Zwei Dutzend Gesichter lachten mich bayerisch aus. Davor ist die Ochsentour, meinten sie. Ich bat um die Kurzfassung, ich sei nicht mehr der Jüngste. Nach einem Jahr war ich Vorsitzender der Sektion, klebte nachts Plakate, wurde Straßenredner im Landtagswahlkampf und sammelte Beiträge in Hinterhöfen ein. Nach zwei weiteren Jahren fiel ich bei der Kandidatenaufstellung zum Bundestag in München-Ost um sechs Stimmen durch. Ich schrieb einen Artikel über meinen siegreichen Gegner, einen Jungsozialisten, und wartete stumm wie in einem Windauge. Dann kam ein Anruf aus dem Allgäu. In Immenstadt fielen eines Abends die Würfel, einen Steinwurf weit von der Mariensäule.

Nach zwanzig Jahren München kam ich, ein Preuße aus Potsdam, in diesen Gebirgswahlkreis. In der Kemptener Allgäuhalle hat Franz Josef Strauß auf mich geschimpft. Da haben die so einen linken Schriftsteller hergeholt, soll er gesagt haben, damit der die Allgäuer Landwirtschaft sozialisiert. Ich lernte die Gegend zwischen Lindau, Oberstdorf und Nesselwang mit dem umgehängten Lautsprecher kennen, stand an Häuserecken und verkündete: »Politik soll auch Spaß machen, im Ernst.«

Meinen Gegenkandidaten von der CSU, Ignaz Kiechle, Bauer, habe ich auf ortsangemessene Weise zum erstenmal getroffen – beim Immenstädter Viehscheid im Festzelt von Stein. Kerngesund und birnenförmig kam er mit dem Bierkrug zu mir herüber und sagte: »Von Ihnen hört man ja schöne Sachen.« Die Kapelle begrüßte erst ihn und dann mich mit einem Tusch. Seit jenem Anstoßen haben wir in bisher fünf Jahren unser Auskommen miteinander gefunden.

Es gibt Wahlkreise, in denen bringt kein Christdemokrat eine Mehrheit auf die Beine. Immer liegt ein Sozialdemokrat um Längen vorn. Bei mir ist es umgekehrt. Kiechle wird so sicher gewählt, als sei die Mehrheit ihm gottgegeben, obwohl doch der Herrgott keiner Partei angehört. Nur angeseilt an die Landesliste komme ich über den Berg. Dem Dritten im Bunde, Hansheinrich Schmidt von der FDP, ergeht es erst recht so. Manchmal spricht man von uns als dem Allgäuer Kleeblatt. Der Zeitung – es gibt nur eine – ist es am liebsten, wenn wir in prozentualer Ausgewogenheit durch die Landschaft schaukeln, Kiechle vorn.

Als ich dann nach Martinszell gezogen bin, haben die Bauern mich freundlich aufgenommen. Am ersten Sonntagmorgen ging ich mit dem Hund zur Kirchzeit durch den Wald und nachher ins Wirtshaus. Da steckten die Herren am Stammtisch die behüteten Köpfe zusammen und beäugten mich in meiner Ecke, wo ich allein saß, die Setterhündin unter dem Tisch. Nach einer Weile winkten sie nach der Wirtin. Die redete mit den Männern und kam dann zu mir: »Herr Abgeordneter, die Herren am Stammtisch lassen Sie fragen, ob Sie sich nicht zu ihnen hinüberhocken mögen, denn Sie sind doch jetzt hier der Platzhirsch.«

Wir haben manchen Spaß miteinander, die Einheimischen und ich. Im Allgäu kommt zuerst der Mensch und dann die Politik. Wer keine Feste feiern kann, bleibt ein Fremder. Wer keine Freude am Leben hat und sauertöpfisch reagiert, ist ausgeschmiert. Im übrigen habe ich mich daran gewöhnt: Wenn hier von Kultur die Rede geht, handelt es sich um die Kulturlandschaft oder Pilzkulturen auf dem Joghurt. Zwischen dem Bauernverband und dem regionalen Berufsverband Bildender Künstler besteht ein Unterschied wie zwischen der Zugspitze und dem Deister. Es gibt einige eigenständige Maler, deren neue Produktion man alljährlich am Rande der Allgäuer Festwoche betrachten und kaufen kann. Ein paar Leute schriftstellern weltzugewandt. Manchmal kommt das Schwabentheater mit seinem Thespiskarren und öffnet die Kleiderschränke der Hausfrauen. Es ist keine laute Region, aber sie klingt. Blasmusik hat zeitlosen Zustrom. Der Allgäu-Schwäbische Musikbund ist stolz auf seine über 17000 Mitglieder. Als er 1976 sein 50jähriges Jubiläum feierte, sagte sein Präsident auf der Ehrentagung im Kemptener Stadttheater: »Ich weiß, es wird in München regiert, aber wir sind eine kleine Nebenregierung.« Es gibt kaum ein lokales Ereignis ohne Trachtenkapelle. Zu Märschen haben die hier Geborenen ein ungebrochenes Verhältnis, als hätten die niemals zum Krieg aufgespielt.

Was die Provinz politisch bedeutet, habe ich nach 46 Jahren Großstadtleben erst lernen müssen. Es spiegelt sich in menschlichen Verhaltensweisen wider, die große Politik mit Vorliebe ignoriert.

»Ein herzliches Vergelt's Gott all denen, die in gesunden und kranken Tagen und jetzt beim Heimgang meines lieben Gatten

Gutes taten. Besonderen Dank dem Herrn Pfarrer für seine trostreichen Worte, den Ärzten und dem Hausarzt, den ehrenwerten Schwestern, dem Pflegepersonal, den lieben Nachbarn für ihre Hilfsbereitschaft, dem Kirchenchor, der Freiwilligen Feuerwehr, der Raiffeisenbank, dem Schützenverein, der Viehzuchtgenossenschaft und der ganzen Marktgemeinde...« So lautete eine Danksagung, die in unserer Lokalzeitung nicht vor hundert Jahren, sondern kürzlich erschien. Sie wird hier gewiß nicht mit einem Beiklang von Überheblichkeit, vielmehr als Metapher für das Leben in der Provinz zitiert. Weniges hat diese Menschen bisher aus ihren traditionsgeprägten Lebenszusammenhängen gerissen. Die Gefallenentafeln auf den Friedhöfen scheinen Bestandteil einer festen Ordnung zu sein. Kinder, die Blumen dort niederlegen, frösteln ein bißchen in Erwartung einer fernen Gewalt, die sie einst in Reih und Glied fordern könnte. Es wächst in diesen Gegenden Gehorsam nach und fragt nicht: warum?

Die Bundesrepublik ist gar nicht nur der hochindustrialisierte, technifizierte und verstädterte Massenstaat, als der sie im Bewußtsein vieler existiert. Rund die Hälfte ihrer Bürger lebt auch heute noch in Gemeinden mit weniger als 20000 Einwohnern, und fast ein Drittel aller Haushaltungen befindet sich sogar in Kommunen, in denen nicht mehr als 5000 Menschen beisammen wohnen. Die Gebietsreformen haben daran allenfalls formal etwas geändert. Jedenfalls ist das Allgäu für Bayern ungleich typischer als München.

Hier lebt und arbeitet man in einer Umwelt, in der einer den anderen kennt, in der Honoratioren sich auf überlieferte Rangordnungen verlassen können und die große weite Welt zwar im Schaufenster in der guten Stube telegen vorübergeistert, doch nicht dauerhaft Gestalt gewinnt – nicht auf dem Grunde der Gemüter, die auch aus jeder Urlaubskarawane unbeirrt heimwärts finden in die unvergleichliche Provinz.

Diesem Regionalismus wird im öffentlichen Klima der Bundesrepublik keineswegs ausreichend Rechnung getragen. Metropolenbewußt, elitebezogen, festgefahren in Vorurteilen von

Ballungsräumen, geben sich die überregionalen Medien so, als habe unser Land den Zustand des Provinziellen hinter sich gelassen. Dabei handelt es sich um nichts als ein verbreitetes Gerücht.

Im Allgäu lebt die Mehrheit der Zeitgenossen in trauter Selbstbezogenheit: in Weilern, Dörfern und Landstädten, in denen die Maßstäbe für beinahe alles streng nachbarschaftlich geordnet sind. Der Lokalteil der Monopolzeitung regiert die öffentliche Meinung – niemand weiß damit besser umzugehen als konservative Politiker in ihrer Verbundenheit mit der herrschenden Schicht. Unerreichbar für die Ironie hauptstädtischer Kommentatoren praktizieren politische und andere Lokalgrößen die Beziehung zu alt und jung mit nachgerade klerikaler Menschenkenntnis. Sie werden auch weiterhin vieles ausrichten mit ihrem teils berechnenden, teils naturgewachsenen Heimatsinn.

Der Millionenstädter, der die Folklore im Alpenidyll am lauwarmen Urlaubsabend amüsiert beklatscht und heimlich einen Maßkrug als Trophäe auf die Seite bringt – was der Wirt wiederum einkalkuliert hat –, hat meist keine Ahnung vom gravitätischen Ernst einer Gemeinderatssitzung, auf der ein parteifreier Bürgermeister mit dem Klinikchef, dem Direktor des Kurhotels, dem örtlichen Bauunternehmer, dem Sparkassenvorstand und dem Hauptschullehrer, der Bauernfraktion und den Handwerkern eine geschlossene Welt in der Nußschale verwaltet. Im Hintergrund verübt der Geistliche sein keineswegs unirdisches Amt. Auch ein Fürst, der das Erbe zu wahren weiß, belebt mit seinen Ausflügen vom immer noch bewunderten Stammsitz das Hinterglasbild *en miniature*.

Eines ist allen diesen unauffällig besitzergreifenden kommunalen Vorgängen gemeinsam: Sie werden vom Instinkt für die Rangfolge lokaler Prominenz und lokaler Besitzverhältnisse bestimmt. Wer hier aufwächst, weiß früh, woran er ist. Er wird in der Regel daran wenig ändern. Es sei denn, er leistet Außergewöhnliches oder entscheidet sich früh für die Auswanderung aus der Provinz, die eine Rückkehr wiederum in der Regel nur dem Erfolgreichen gönnt.

Im übrigen aber räumt unsere Provinz ihren Talenten in mancherlei Sparten von der Politik bis zu den Künsten nicht zu überbietende Chancen ein. So mancher sagt sich: Lieber der Erste in Kempten als der Fünfzigste in München. Niemand vergibt öffentliche Resonanz beifallfreudiger als die Provinz ihren Angestammten, mag auch in das Lächeln vor der Kamera der einzigen Zeitung Melancholie gemischt sein – wenigstens gehört dem Provinzmatador diese Publizität von Zeit zu Zeit uneingeschränkt.

In den Allgäuer Gemeinden lebt der Arzt noch mit seinen Gesunden und Kranken, der Architekt mit seinen Häusern wie der Förster mit seinem Revier. Einem jeden rücken die eigenen Handlungen ein Leben lang hautnah auf den Leib. Wenn unsere kreisfreie Stadt drei Landkreise zum Galaabend lädt, weil die Provinz sich wieder einmal ein Denkmal setzt, entsteigen die Garderoben frischweg den Romanen aller bürgerlichen Unvergänglichkeit. Man trägt seinen Namen und triumphiert über Metropolen-Anonymität. Und fährt man nachts die fünfzig Kilometer nach Haus, ist man allein in schwarzverhüllter Landschaft – eine Lichtsekunde entfernt von Übervölkerungsproblemen.

Manchmal frage ich mich als Politiker, ob nicht überhaupt die Provinz als Dimension der menschlichen Natur im Regelfall eher als die Weltläufigkeit entspricht. Das Greifbare begreifen – das wird auf lokalem Schauplatz dem Jedermann leichter gemacht. Mag der Spott über Kleinkariertes Durchreisenden die Lippen kräuseln, unsere Provinz versteht es auch immer wieder, über sich selbst zu lachen.

Kurzum, hier sei daran erinnert: Wir, die Mehrheit, leben freiwillig oder unfreiwillig in der Provinz. Das ist die Lage. Dürfen wir darum bitten, sie zur Kenntnis zu nehmen, ehe wieder einmal alles ungewöhnlich hochtrabend ausfällt in den Beschreibungen unserer Zeit. Die Perspektive der Gegenwart ist nicht bloß der Wolkenkratzer. In der Regel handelt es sich um ziemlich bodenständige Einrichtungen. So leben und arbeiten die meisten, das wird so bleiben, wie immer die Atommeiler in den Himmel wachsen und das vereinte Europa einmal Wirklichkeit wird.

Außerdem sind Provinz und Konservatismus nicht notwendigerweise auf alle Zeit gleichbedeutend. Gewiß jedoch hat man in ländlichen Regionen wie der unseren, Ordnung und Unterordnung in der Gesellschaft von oben herab verfügt und verfestigt. Das Heitere und die Traurigkeit der Provinz können nicht darüber hinwegtäuschen, wie Herrschaft über Menschen ausgeübt wird. Der Wirklichkeitssinn derer, die man kleine Leute nennt, weiß das am genauesten.

Unser Fürst zum Beispiel ist mächtiger, als man ihm auf den ersten Blick anmerkt, wenn man ihn in der Öffentlichkeit trifft, aufgeschlossen, liberal nach seiner Selbsteinschätzung, von durchdringender Menschenkenntnis, freundlich zu jedermann, als sei er unter seinesgleichen. Die Huldigung, die Durchlaucht von den Einheimischen noch vielerorts dargebracht wird, sagt eine Menge über die Beziehung des süddeutschen Hochadels zur Bevölkerung aus, speziell in diesem württembergisch-bayerischen Grenzbereich.

Tief in den Unterschichten des Bewußtseins sitzt bei vielen Allgäuern über viereinhalb Jahrhunderte hinweg noch die vererbte Erinnerung an die insgesamt 100000 Toten des Bauernkriegs. Im März 1525 hatte in Memmingen der Kürschnergeselle Sebastian Lotzer die »12 Artikel« des Freiheitsbegehrens der Unterdrückten und Leibeigenen verkündet. Wenig darauf war es Truchsess Georg von Waldburg, genannt der Bauernjörg, der als Führer des Schwäbischen Bundes im Allgäu die Bauern sehr grausam niedergeschlagen hat. Daß der Aufstand damals überlegener Gewalt unterlag, hat für Generationen die Bauernregel hinterlassen: Man muß sich mit den Mächtigen dieser Welt wie mit den Statthaltern des Himmels, die mit ihnen im Bunde stehen, arrangieren, wenn man in Ruhe leben will.

Das Naturell der Allgäuer ist nicht im geringsten unterwürfig. Im Gegenteil, wo gibt es mehr Menschen mit dem freien klaren Blick der Gebirgler und einer gestandenen Unabhängigkeit in ihrer persönlichen Lebensführung? Aber dieses Freiheitsverlangen gilt fast ausschließlich dem Leben und Lebenlassen. Es meint nicht im selben Maß die Freiheit demokratischer Mitbestimmung, nach der alle Gewalt vom Volke ausgehen soll. Der Widerspruch wird nicht aufgelöst: Viele Bayern fühlen sich frei durch Geburt und sind hellauf empört, wenn einer auch nur im geringsten daran zweifelt. Zugleich aber nehmen sie die jeweilige Obrigkeit als unabänderlich hin. Kräftiger Weihrauch umgibt das Verhältnis zwischen Herren und Abhängigen, wobei die Fürsten in Bayern, wenn die Kriege vorüber waren, immer verstanden haben, mit dem Volk scheinbar auf Du und Du zu stehen, wofür sie Zuneigung ernteten. Mit katholischer Lebensklugheit wurden genügend Ventile nicht nur für das landesübliche Fluchen auf die Potzoberen und das Schimpfen auf die Mitwelt geschaffen, sondern auch für ernsteren Verdruß, so daß einige Gegenden und manche Gesinnungen davon ziemlich durchlöchert erscheinen. Es ist die harte Herrschaft der milden Hand. Preußischer Befehl zum Kadavergehorsam verfuhr primitiver.

Die CSU ist Meister im Beerben dieser Tradition. Als ich einmal eine mit Bundesmitteln geförderte Staatsstraße von Pfronten nach Österreich ins Tannheimer Tal miteinzuweihen hatte, hielt nicht nur Alfons Goppel in farbenprächtiger Begleitung landesväterlich Hof – sogar Ludwig II. hatte man wieder auferstehen lassen. In einer neuen Fabrikhalle, in der anschließend Bier in Strömen floß und Brotzeit um Brotzeit in mächtigen Leibern unterging, redete der angeheuerte König in weißblauer Uniform und mit unverkennbarem Profil zu seinem begeisterten Volk. Was lag näher, als daß er den Ministerpräsidenten Bayerns zu seinem Erbe einsetzte?

Dem Berichterstatter der Lokalzeitung steckte ich im Gedränge wenigstens einen Zettel zu, auf dem die Höhe des Bundeszuschusses notiert war. »Ist bekannt«, sagte er und nickte. Aber am nächsten Tag in der Zeitung behielt er es lieber für sich.

Fürwahr, man muß sich als Sozialdemokrat angesichts solcher Bräuche etwas einfallen lassen, um wenigstens drittelparitätisch in die Regionalpresse einzugehen. So habe ich, um das beliebteste politische Gerücht der Staatsregierung, nämlich die durch ununterbrochene Wiederholung nicht zutreffender werdende Behauptung, »Bonn benachteiligt Bayern«, einmal zu glossieren, folgenden Siebenzeiler produziert und bin damit auch ordentlich durchgedrungen:

> *Bonn benachteiligt Bayern*
> *München benachteiligt Schwaben*
> *Augsburg benachteiligt das Allgäu*
> *Kempten benachteiligt die Region*
> *Der Landkreis benachteiligt die Gemeinde*
> *Die Gemeinde benachteiligt Lattmann*
> *Lattmann benachteiligt seine Frau.*

Überhaupt bin ich der Meinung, daß es im Allgäu wenig fruchtet, wenn man als Wortführer einer starken Minderheit massiv gegen die Mehrheit in ihrer Alpenfestung mit hohem Freizeitwert anrennt und sich dabei nur Beulen holt, die einen als Vertreter einer anderen Meinung nicht überzeugender machen. Die Allgäuer lachen gern, das ist immer ein Ansatzpunkt.

Einiges allerdings hat sich im Allgäu ereignet, bei dem einem im Gedanken an das Ende der Weimarer Republik jeder Spaß vergeht. Zu mächtig wird von Demokraten mit beschränkter Haftung im Freistil jener Musterrede, die nicht in *Sonthofen*, vielmehr im Kurhotel »Sonnenalp« im Ortsteil Schweineberg in der Gemeinde Ofterschwang in der Verwaltungsgemeinschaft Hörnergruppe gehalten wurde, an die verborgen immer vorhandene Bereitschaft zu irrationalen Fluchtbewegungen und Ängsten appelliert: Flucht aus der demokratischen Verantwortung des einzelnen mit aller Notwendigkeit rationaler Konfliktlösungen in die blinde Gefolgschaft eines Volkstribuns.

Als wir drei Oberallgäuer Abgeordneten vor einiger Zeit im Bundestag den Besuch von drei neunten Klassen der Oberstorfer Hauptschule erhielten, fragten mich mehrere dieser Fünfzehnjährigen: »Sie sind Sozialdemokrat, warum tritt die SPD nicht für die Todesstrafe gegen Terroristen ein?« Man hörte förmlich die Angehörigen zu Hause am Fernseher oder die

Stammtischrunde in der Nachbarschaft mitreden. Ich habe auch manches Mal in Allgäuer Wirtsstuben von Nichtbetrunkenen Sätze wie diesen gehört: »Baader, Ensslin und die alle – warum erschießt man die nicht einfach!?«

Als wenn das Totschlagen die freiheitliche Ordnung garantierte! Wenn die Menschen nur straffe Ordnung verlangen und die Freiheit darüber vergessen, steht es schlimm um unser Land. Gestern wie heute sind das Anzeichen einer Demokratieschwäche, die in Deutschland Tradition hat. Uns mit diesem nationalen Defekt auseinanderzusetzen sind wir aufgerufen, und zwar zeitlebens.

In der Wirklichkeit dieses Wahlkreises steht das Krasse neben dem Differenzierten, das Menschliche neben dem unmenschlich Erscheinenden – wie überall. Und manchmal geht eins so unvermittelt ins andere über, wie ein Verkehrsunfall auf eine Ausflugsfahrt folgt.

Im Sommer 1975 hatte ich eine Woche als Gschwendner (Unkrautmäher) auf der Unteren Lauch-Alpe bei Steibis gearbeitet. Den drei Hirten Fink, Herzog und Kaspar, die Shakespeare-Rollen hätten spielen können, hatte ich zum Viehscheid (Alpabtrieb) im September eine neue Schelle am geschmückten Lederriemen zum Verlosen versprochen. Als ich an einem gleißend blauen Tag nach Maierhöfen kam, begrüßte mich der Vorsitzende der Alpwirtschaftlichen Genossenschaft im Festzelt vor 1700 Leuten als »unseren Bundestagsabgeordneten«. Es gab ein großes Hallo. Ich mußte die Trachtenkapelle dirigieren, was eine Lage kostete. Nach dem Schellenverlosen mußte ich mit dem Landrat von der CSU um die Wette Witze erzählen. Es war einer der Momente, in denen intellektuelle Fähigkeiten so unbrauchbar sind wie ein Taschenrechner ohne Batterie.

Als man mich vom Podium wieder freiließ, fischte ich mir drunten am Bürgermeistertisch meinen Maßkrug und atmete auf. Plötzlich stand ein feinangezogener Herr vor mir. Er war ein Urlauber mit deutlichem Hamburger Akzent. Wer hier so gefeiert wird, muß er gedacht haben, kann nur einer von den Schwarzen sein. Also legte er los: »Sie sind doch hier der Abgeordnete.

Ich habe nur einen Appell an Sie. Sorgen Sie dafür, daß wir in Bonn die Marxistenbrut loswerden!« Er lief wenigstens rot an, als ich ihm die Meinung sagte.

Allgäuer Augenblicke, variantenreich. Die Politik ist unerschöpflich an Überraschungen. Sie konfrontiert den Politiker mit jeder denkbaren Situation der Zeitgenossenschaft. Man lernt eine Landschaft von ihren menschlichen Problemen her kennen. Eine faszinierende Aufgabe, bei der man niemals auf den Grund kommt.

Der Wahlkreis ist ein Bilderbuch, aber es ist kein Schönwetterwahlkreis. Bald gibt es keine Ecke mehr, an der ich nicht im Fieber von Wahlkämpfen gestanden bin. Keines der schönen alten Rathäuser, das ich nicht von innen kenne, mit seinen Barockfenstern und den von Generationen knarrenden Dielen. In jedem Tal wird ein anderer Dialekt gesprochen. Unmöglich, auch nur einen Teil davon zu erlernen. Aber wenn ich es richtig heraushöre, wollen die meisten im Grunde immer deutlicher das eine: eine menschlichere Politik. Im Bemühen darum können wir uns gewiß häufig wieder nur darauf einigen, daß wir unterschiedlicher Meinung sind.

Natürlich bemüht sich einer, der hierher gerufen worden ist, seine Sache im Sinn der Partei, die ihn aufstellte, so vertrauenswürdig zu erfüllen wie möglich. Aber wenn ich eines Tages bemerkte, daß ich nur noch die Parteibrille auf der Nase hätte, müßte ich sie von der nächsten Brücke werfen.

Nach der Bundestagswahl 1976 ging ich in München in eine Apotheke, deren Besitzerin aus dem Allgäu stammt. Sie sagte etwas, das sich mir eingeprägt hat, denn es faßte alle meine Anstrengungen der zurückliegenden Monate zusammen: »Ich war neulich im Allgäu. Ich habe Sie von allen Marterpfählen herablächeln sehen.«

Ministerialdemokratie

Wieviel Macht den Räten?

Zwischen den Abgeordneten des Bundestags und den höheren Beamten der Ministerialbürokratie dehnt sich eine Beziehung, die auf eine Verwandtschaft zweiten Grades mit allen Anzeichen gemäßigter Zuneigung hinausläuft. Sie beruht auf der Notwendigkeit, unter ungleichen Voraussetzungen mit einander auszukommen. Gelegentlich spielt dabei wechselseitiger Respekt vor der Leistung des anderen eine Rolle. Häufiger bezichtigt einer den anderen der Ignoranz. Zumindest existiert der Verdacht, die jeweils andere Seite der Gewaltenteilung habe nicht selten Flausen im Kopf.

Wenn es zutrifft, daß auf allen Ebenen unserer Gesellschaft Demokratie immer ungehemmter durch Bürokratie ersetzt wird, befinden wir uns gegenwärtig allenfalls im Zustand einer Ministerialdemokratie.

Auf dem Programmparteitag der CDU in Mannheim 1975 wurden Macht und Einfluß gesellschaftlicher Gruppen auf den Staat in einer konzeptionellen Anstrengung neu bewertet. Von konservativen Wortführern wie Kurt Biedenkopf und Richard von Weizsäcker ist die Forderung, sich geistig wie materiell mit dem Staat im Staate, den die Beamten verkörpern, endlich auseinanderzusetzen, immer vernehmlicher artikuliert worden. Mindestens ebenso lebhaft wird in internen Arbeitszirkeln von SPD und FDP die Frage diskutiert, wann in erster Linie für die höheren Laufbahnbeamten im Interesse des Gemeinwohls die Möglichkeit eingeschränkt werden muß, den Staat, der ohne sie nicht organisierbar wäre, wie einen Bauchladen vor sich herzutragen – immer greifbar zur Selbstbedienung.

In Wahrheit jedoch wagt keine der parlamentarischen Parteien angesichts der realen Machtverhältnisse, das Problem in entscheidenden Punkten anzugehen. Dafür gibt es unter vielen Ursachen einen besonders handgreiflichen Grund: Der Bundestag und die Landtage sind so reich an Beamten, daß jede einschneidende Minderung der Beamtenprivilegien die Kriegserklärung der Abgeordneten gegen sich selbst bedeutete – zumal nach der Rechtsstellung der Parlamentarier nach dem neuen Diätengesetz, das ihnen mit Beihilfen und Pensionen einen beamtenähnlichen Status verschafft hat. Derlei Selbstentleibung ist schwer denkbar ohne durchschlagenden öffentlichen Druck. Auch wenn er in Zeiten massiver Haushaltssorgen bei Bund, Ländern und Kommunen rapide zunähme, käme in der vorhersehbaren Zukunft dabei kaum etwas anderes als ein Schattenboxen heraus.

35 Prozent der Mitglieder des Bundestags sind Beamte. Weitere 7 Prozent stammen als Angestellte aus dem Öffentlichen Dienst. In manchen Landesparlamenten – wie zum Beispiel in Bayern und Hessen – verfügen die lebenslänglichen Staatsdiener über die absolute Mehrheit. Sie sind die stärkste Lobby der 4,2 Millionnen Beamten, Angestellten und Arbeiter, die in Ländern, Gemeinden und Bund in dieser Reihenfolge wie für Bahn und Post in öffentlichem Auftrag tätig sind. Immer intensiver umarmt die Exekutive die Legislative. Das ist ein erdrückender Vorgang – betrieben durch der Welt einzig funktionierendes perpetuum mobile.

In Bonn kann es geschehen, daß ein Abgeordneter etwa im vierten Stock des Langen Eugen, dieses MdB-Silos, den Lift betritt und im Aufwärtsfahren in die siebenundzwanzigste Etage folgenden Dialog mit anhört. Ein Ministerialbeamter sagt zum anderen, nachdem beide den Zugestiegenen nicht als Parlamentarier registriert haben: »Die Sache wird natürlich wieder mal durchschlagen auf die höhere Besoldung.« Darauf der Angesprochene: »Mal sehen, wie lange der Bundestag sich gegen uns sträubt.«

So freimütige Töne sind freilich nicht die Regel. Gewöhnlich hütet man seine Zunge und noch gründlicher den Kopf. Es gibt eine Geschicklichkeit des einander Ausweichens, die das Äquilibrium förmlich als Verhaltensnorm ausweist. Rühr mich nicht an, tu keinem weh: Jeder bewegt seine Sache als Parlaments-Gleichgewichtskünstler schwebend durch Büros und über Flure, sanft, aber hartnäckig, ungemein ordentlich, bekleidet mit der Ziviluniform des Grauingrau aller Behörden. Ohne das Ineinandergreifen der beiden Riesenbürokratien – der des Bundestags und der vieltausendköpfigen der Ministerien – erscheint, auch wenn ein Gesetzesberg kreißt, nicht einmal eine Paragraphenmaus in der Auslieferung des Bundesanzeigers.

Manchmal hat man den Eindruck, Ministerialräte und Abgeordnete sind Vettern aus gegensätzlichen Zweigen einer Familie. Ein anderes Mal erscheinen sie nahezu deckungsgleich. Ihre Positionen verändern sich gegeneinander je nach Thema und indirekter Beleuchtung der Szene. Jedenfalls ist der parlamentarische Alltag von Verwaltung so fest umschlossen, daß wenige sich einbilden können, absolut durchzuschauen zwischen den Akten und den Aktionen des Apparats. Wenn morgens um sieben Uhr Lastwagen vor dem Bundestag den Tagesinhalt der Papierkörbe abholen, geht Ungelesenes säckeweise in die Papiermühle. Die Abgeordneten werden mit Vervielfältigungen eingedeckt. Das Wort Druck-Sache bestätigt seinen Doppelsinn.

Was Parlamentarier auch anfangen, die Vettern aus den Ministerien sind immer dabei, soufflieren dem Gesetzgeber, schmieden Reden, verwalten Informationen, die Macht bedeuten, rücken keineswegs immer und schon gar nicht gegenüber jedem damit heraus. Die Ministerialbürokratie kontrolliert die Abgeordneten weit mehr als umgekehrt. In den nichtöffentlichen Ausschußsitzungen, in denen das Parlament seine Hauptarbeit leistet, springt das ins Auge, aber scheinbar verletzt sich niemand daran.

In einem Viereck sitzen die Parlamentarier, Koalition und Opposition einander gegenüber, den Riegel schieben der Vorsitzende, seine Referenten und die Vertreter der Bundesregierung davor. Rings entlang an den Wänden, stumm und eindringlich in ihrer Allgegenwart, selten Frauen darunter, sitzen die Sachverständigen Ministerialbeamten aus Bund und Ländern. Sie umzingeln die Abgeordneten wie mit einem Indianerkarree.

Auskünfte geben sie nur auf Befragen zu dem Punkt der Tagesordnung, der ihre Domäne ausmacht. Natürlich wissen sie mehr. Parlamentarier kommen und gehen. Die Beamten bleiben – bis auf jene Ränge, wo beim Ministerialdirektor der politische Beamte erst offiziell beginnt und folglich beim Regierungswechsel für den Betroffenen meist mit Versetzung endet.

Die Bürokratie hört immer mit. Wer genau beobachtet, kann auf den Mienen der Kundigen manches Lächeln ablesen, das aufglimmt, wenn Bundestagsmitglieder sich zur Sache äußern. Im ironischen Zucken um Beamtenmundwinkel verrät sich das niemals endende Staunen über die Fähigkeit der Politiker, voluminös ohne tiefere Kenntnis eines Problems zu debattieren und dabei immer die gegnerische Partei im Visier zu haben. Täuscht nicht alles, mokiert sich da auch ein gelinder Abscheu wie gegenüber einem etwas windigen Cousin, der schon auf der Schule extravagant war, später mehrfach die Berufe wechselte, ein Unikum an Betriebsamkeit, nie ganz ergründbar, selten gründlich, nie ganz differenziert, aber auch selten wirklich daneben – kurz: ein Herumtreiber mit Gespür, ein Talent in Publizität mit dem Hang zu jenen wohlfeilen Lorbeeren, die auf den Feldern der Emotionen wachsen.

Was Wunder, daß Ministerialräte ziemlich regelmäßig an den Volksvertretern zweifeln. Zwar besitzt das seine eigene Unlogik, denn Parlamentarier sind nun einmal wie das Volk, das sie vertreten. Das heißt: Es gibt nichts Menschliches, das es unter ihnen nicht gibt. Doch im Zusammenprall zweier Eliten – der Hierarchie der Beamten mit den Mandatsträgern der Parteien – ziehen sich Verwaltungsjuristen innerlich häufig von den Umtrieben der Abgeordneten zurück wie einst Großbürgerkinder aus der Medizinalratsvilla von zwillenbewaffneten Gassenjungen.

Ursprünglich wurden die Ministerialräte in die Ausschußsitzungen des Bundestags berufen, um die Abgeordneten zu beraten. Das geschieht auch noch, doch längst hat sich die Aufgabe darüber hinaus verselbständigt. Sie ist zum Besitzstand geworden, erlaubt ein ungeahntes Maß an Gegenkontrolle, gilt im Ministerium als Ausweis der Rangstelle: Beamte, die ins Parlament fahren dürfen, und andere, die das nicht erreichen. Längst haben sich die Zahl der Beteiligten wie der Zeitaufwand uferlos ausgedehnt. Ganze Beamtenschwadronen pendeln in dunklen Limousinen zwischen ihren Häusern und dem Hohen Haus. Sie lassen Fahrer warten, beschäftigen sich wechselseitig, warten und warten selber, rivalisieren von Ressort zu Ressort.

Stunden spielen dabei offenbar keine Rolle. Die Parlamentsuhr tickt ja nicht gleichzeitig in den Köpfen der Steuerzahler, die von all dem kaum etwas erfahren, zumal der Bonner Journalismus diesen Vorgang kaum thematisiert. Wenn Selbständige so arbeiteten, müßten sie pleite gehen. Nur industrielle Großunternehmen produzieren denselben myriadenhaften Leerlauf, den das Heer anonymer Verbraucher finanziert.

Beamte reagieren meist aufgebracht, wenn einer solche Tatsachen nüchtern feststellt. Rasch tritt dann die Emotion von der angeblichen »Verunglimpfung« eines ganzen Berufsstands auf den Plan. Auf jeder Wahlkreisversammlung springen Mitglieder des Öffentlichen Dienstes auf und fühlen sich angegriffen, wenn irgend jemand auf die Privilegien weit höherer Dienstränge zu sprechen kommt. Flugs werfen sich Postsekretäre und Inspektoren für Ministerialdirigenten in die Bresche. Warum eigentlich empören sich Feldwebel und Leutnante, wenn die Kritik bestimmten Obristen und Generälen gilt – und keineswegs allen? Es ist dasselbe öffentlich geschürte Mißverständnis, nach dem sich Reihenhausbesitzer noch immer als willfährige Verteidiger der Interessen von Grundstücksmagnaten und Wohnblockvermietern betätigt haben. Wer Weniges besitzt, fühlt sich lieber den Vermögenden zugehörig als denen, die gar nichts ihr eigen nennen. Scheinbar handelt es sich dabei um ein ganz normales Mißverständnis.

Natürlich gibt es auch unter den Parlamentariern brillantes Fachwissen, aber das ist nicht die Regel. Die meisten Abgeordneten sind beeinflußbar und also beeinflußt von denen, die daran ein Interesse haben. So verfolgt denn mancher Ministerialbeamte im Plenum sein ferngesteuertes Bundestagsmitglied, in das er tags zuvor Informationen gezielt einspeicherte, die nun als Faktenkenntnis aufglänzen, erwünschte Versionen liefern und dem Urheber über den vorgeschobenen Redner Respekt einbringen.

Wer so genau und so lange Bescheid weiß, doch als Beamter bei den parlamentarischen Diskussionen zum Berufsschweiger verurteilt ist, übt sich gern in Ersatzhandlungen. Es sei denn, er gehört zu denen, die ihre Rollen vertauschen und vom Ministerialschreibtisch auf den Abgeordnetensitz wechseln – übrigens gänzlich ohne Berufsrisiko. Rückkehr in den Staatsdienst ist ihnen sicher, falls sie eines Tages nicht wieder aufgestellt werden.

Kein Dreher, kein Zahnarzt, kein kaufmännischer Angestellter und kein Schriftsteller kann da mithalten. Die Besitzstandswahrung ist als Resultat der Beamtenbemühung in eigener Sache der oberste Grundsatz im Beamtengesetz. Allerdings ist die Zahl der leitenden Beamten auch nicht gering, die einen Wechsel ins Parlament von vornherein für abwegig halten, weil sie die Machtverteilung ohnehin so einschätzen, daß mehr Verwirklichungskraft und Verhinderungsmacht bei der Exekutive liegt.

Gewiß leiden alle Parteien durch die Rigorosität, mit der sie Aufstiegschancen vergeben, an parteipolitischer Verklemmung und Kanalisierungszwängen der einen oder der anderen Ideologie. Parteiapparate sind nun einmal kein Streichelzoo. Der Zwang steigert sich allerdings zur Absurdität, wenn die gesellschaftlichen Organisationen, die nach dem Grundgesetz die Politik wesentlich bestimmen, zu Laufbahnparteien des Öffentlichen Dienstes deformieren und ihre Mitglieder sich als Parlamentarier selbst kontrollieren. Auf diese Weise zerrinnt die Grenze zwischen Legislative und Exekutive zur Fata Morgana.

Wenn die Gewaltenteilung sich auflöst, neigen alle Verwaltungen dazu, die Parlamente erst gar nicht mehr zu fragen oder sie nur noch als Bestätigungsmaschine für längst vollzogene Selbstermächtigungen anzusehen. So gilt denn eine rationale Auseinandersetzung mit der Ministerialbürokratie auch keineswegs einem Pauschalurteil über die Gesamtheit der Beamten und öffentlichen Angestellten, unter denen es natürlich nicht nur hervorragende Sachkenner, sondern auch untadelige Demokraten gibt – allzu oft freilich und für zu viele scheinen andere Gesetze zu gelten. Es ist deswegen notwendig, einen gehüteten Zustand aufzudecken, der in Ausbildung und Berufspraxis der Bürokraten das Drei-Klassen-System fortsetzt und im Grad der Verkrustung bürokratischer Strukturen nahezu automatisch der Demokratie zuwiderläuft.

Im Frühjahr 1977 wurde das schlagend deutlich durch die Serie von Enthüllungen verschiedener Abhörmaßnahmen mit elektronischen Spionen. Der Ekel vor den Wanzen blieb allerdings in der Bevölkerung bemerkenswert begrenzt. Die Frage, wie der Staat mit Verbrechen gegen die Demokratie, also auch jeder Form von Terrorismus fertig wird, ist aber unweigerlich die Frage nach dem Zustand der Demokratie in der Bundesrepublik.

Auch wer Gewalt gegen Sachen und erst recht gegen Menschen mit Leidenschaft ablehnt, hat deswegen Grund, eine noch größere Gefahr für unsere Demokratie durch den Verlust von Unrechtsbewußtsein gegeben zu sehen. Die Mehrzahl der Zeitgenossen scheint es kaum noch zu stören, wenn Gesetzesübertretungen von Staats wegen praktiziert werden, solange nur der stramme Staat mit unerbittlicher Härte gegen bewaffnete Extremisten auftritt.

Kein Zweifel, daß Entschiedenheit und Härte gegen Terroristen wie gegen alle Arten von Gewalttätern erforderlich sind. Wenn aber die Exekutive ohne zu fackeln das Gegenteil von dem tut, was die Legislative beschließt – wie im Fall Stammheim –, wenn der Verfassungsschutz sich verselbständigt und vom Parlament am Ende auch noch die Legalisierung des Verfassungsbruchs erwartet, wenn niemand persönliche Konsequenzen zieht, vielmehr alle Verantwortlichen sich auf die durch Meinungsumfragen ermittelte Stimmung in der Bevölkerung verlassen, die offenbar mehrheitlich in solchen Vorgängen wieder einmal keine Gefahr für Demokratie und Rechtsstaat sieht, dann bewegt sich der gleichgültige Teil der Öffentlichkeit tief im Irrationalen und scheint nicht einmal vor der Veränderung unseres Staates zu einem System der Aufpasser und der Angepaßten zurückzuschrecken. Dann bleibt vom Begriff der freiheitlichen Ordnung nur noch die Ordnung übrig.

Wer begreift eigentlich noch, daß genau dies das Ziel der Baader-Meinhof-Terroristen und ihrer Nachfolger war und ist? Wenn wir es der Ministerialbürokratie, also den Innenministerien von Bund und Ländern überlassen, von Fall zu Fall zu entscheiden, welches jeweils als höher erachtete Rechtsgut den Bruch von Grundrechten rechtfertigt und die Verhältnismäßigkeit der Mittel obendrein in grotesker Ineffektivität aus den Angeln gerät – wie im Fall Traube –, dann sind Robert Jungks Vision vom allbewachten Atomstaat und Orwells »1984« nahe Realität.

Ein Kennzeichen solcher Grenzsituationen ist jedenfalls, daß sie in demselben Milieu entstehen und ausgetragen werden müssen, in dem man sonst ungefährdeter miteinander umgeht: Zwischen Abgeordneten und Beamten ereignet sich die Probe auf den Parlamentarismus. Die absolute Herausforderung durch Gewalt gegen die Demokratie kann sich rückwirkend niemand aus dem Weg schaffen. Sie steht mitten in der Szene, in der man gestern und morgen wieder in der Wirklichkeit der Gegensätze weniger Bedenklichem nachgeht.

In der Regel sind es nicht annähernd so drastische Geschehnisse, die das Spannungsfeld zwischen Legislative und Exekutive ausfüllen. In den wesentlichen Punkten triumphiert fast immer das Beharrungsvermögen. Denn obwohl alle politische Psychologie die regelmäßige Erneuerung öffentlicher Institutionen von innen her für unumgänglich hält, wenn Demokratie gelingen soll, gilt die Unveränderbarkeit der Dinge geradezu als oberstes Prinzip der Ministerialbürokratie.

Ohne Zweifel sind im Widerspruch zu anders lautenden Gerüchten alle großen, mehrheitsträchtigen Gesellschaftssysteme, auch die verbogene Vorstellung vom Sozialismus in der Erscheinungsform der östlichen Staatshandelsländer, auf die eine oder andere Weise von durchdringend konservativer Wesensart. Mehr noch neigen Regierungsapparate in aller Herren Länder zu einer Starrheit, die Bewegungen in immer nur einer Richtung, nämlich zur Vermehrung der Bürokratie zuläßt. Eine Verwaltung, die sich einmal selbst abbaut, weil sie inhaltslos geworden ist, wäre eine Sensation.

Im Gegenteil: In allen Verwaltungen nimmt sich das Konservative selbstverständlich. Das Unkonventionelle, das auf Fortschritt, auf sinnvolle Veränderung drängt, wird einem überall gegenwärtigen Rechtfertigungsnotstand unterworfen. Gegen eine unbewegliche Bürokratie aber kann schwerlich eine politische Kraft mit grundsätzlich anderen Vorstellungen anregieren. Regierungswechsel, so dramatisch sie von den Parteien intoniert werden, bleiben somit eine halbe Sache. Loyal ist die Ministerialbürokratie in erster Linie gegenüber ihrer eigenen Nachkriegstradition, zumal in der Brechung durch die Bürokratien der Bundesratsmehrheit, die wie ein Riesentanker beim Stapellauf dem vorgegebenen Ziel zustrebt. Kurswechsel ausgeschlossen.

Schließlich rekrutiert sich die Bürokratie im Oberbau durch ein Ausbildungssystem, das Heißsporne ohnehin ins Kühlfach legt: Akademische Vorwinter reglementieren auch ursprünglich individuellere Absichten durch Ausleseschablonen und Examensnorm. Man studiert das Eingangsamt A 13 und weiß, wohin die Geleise führen, bis eines Tages auch das Gesicht Bügelfalten annimmt. Unter dem Druck des Numerus clausus vollzieht sich die Anpassung um so glatter. Nur außergewöhnliche Eigenständigkeit kann sich in diesem öffentlichen Mechanismus originell behaupten. Die Durchschnittskarriere verläuft in vierzig Beamtenjahren, allen anfänglichen Ausbruchsversuchen zum Trotz, unheimlich solide.

Jedenfalls befinden sich das Beförderungssystem und die Besoldungsskala mit Milliardenkonsequenzen ziemlich fest in der Hand der Betroffenen, die alle Anstrengungen daran setzen, jährlich einmal die Hürde des Haushaltsausschusses im Bundestag zu überwinden. Denn dort fällt mit Abstrichen vom Wachstumsprozeß das jährliche Ja – wie Leviathan es befiehlt.

Vergangenheit sind die alten Beamtenbegriffe aus Großvaters Zeit. Kärglich, aber sicher – wer will davon noch etwas wissen?

Heute heißt es für die höheren Besoldungsstufen: Üppig und um so sicherer. Abgeordnete eingeschlossen.

Auf der Suche nach Alternativen begegnet man vorläufig nur Unverwirklichbarem. Wer etwa die Unterschiede zwischen Arbeitern, Angestellten und Beamten im Öffentlichen Dienst abschaffen, alle leistungsgerecht bezahlen und die Kündbarkeit nicht um jeden Preis ausschließen möchte, begibt sich in einen Mahlstrom der Auseinandersetzungen, die allenfalls ein gemeinsamer Entschluß der beiden großen Volksparteien heil überstehen könnte. Davon aber ist nicht das Geringste in Sicht. Folglich bleibt der Bürger und Steuerzahler bis auf weiteres auf etwas äußerst Vages angewiesen: auf die freiwillige Selbstkontrolle der am Gemeinwohl orientierten Vernunft in der Beamtenhierarchie, die dem eigenen Vorteil Maß und Grenze setzen muß.

Bei dieser Vorstellung kann einem schwindeln.

Literatur und Strafrecht

Rede vor dem Deutschen Bundestag am 16. Januar 1976

Warum habe ich am Ende dennoch zugestimmt? Achtundvierzig Stunden vor der Schlußabstimmung im Bundestag war in Hannover die Niedersächsische Landesregierung der Sozialliberalen Koalition über drei veruntreute Stimmen anonym gebliebener Abgeordneter aus FDP und/oder SPD gestürzt. Die CDU errang ohne Wählermehrheit einen bundesweit wirksamen innenpolitischen Erfolg. Die Situation ähnelte der Abstimmung beim Mißtrauensvotum der Opposition gegen Bundeskanzler Willy Brandt, die 1972 die vorzeitige Wahl zum 7. Bundestag auslöste. Hätten in diesem Moment mehrere SPD-Bundestagsabgeordnete unter meiner Wortführung gegen die Vorlage der Bundesregierung gestimmt, hätten konservative Sprecher triumphierend festgestellt, daß nun auch in Bonn der Koalition eigene Stimmen davonliefen. Notwendigerweise blieb eine persönliche Unglaubwürdigkeit zurück. Sie war der Preis. Ich konnte es nicht mehr richtig machen, sondern nur noch weniger falsch. Der Riß ging, wie später ein Kritiker schrieb, mitten durch die Person. Aber ich glaube nicht, daß man in die Politik gehen und gänzlich schuldlos herauskommen kann. Außerdem hatten wir Gegner des ursprünglichen § 130a durchgesetzt, daß die Fassung im neuen § 88a wesentlich abgemildert und durch den Vorbehalt für Wissenschaft, Kunst, Literatur und Berichterstattung im § 86 eingeschränkt worden war. Das war ein Teilerfolg unseres Bestrebens in der Fraktion. Es kommt nun darauf an, den Gebrauch der Gesetzesänderung in der Justizpraxis parlamentarisch nicht aus den Augen zu lassen und gegen den immer noch zu befürchtenden Mißbrauch notwendigenfalls gesetzgeberisch vorzugehen. Es besteht kein Grund, sich über eine demokratische Justiz in der Bundesrepublik ein

für allemal zu beruhigen. Zu einschneidend sind unsere
Erfahrungen mit totalitärer Mißbrauchbarkeit der Recht-
sprechung.

Herr Präsident! Meine Damen und Herren!
Ich möchte zu Beginn eine Unsicherheit eingestehen, was ein
Politiker eigentlich nicht tun sollte. Aber es ist die Unsicherheit,
die mir einzig aufrichtig erscheint. Ich habe mich nämlich heute
nacht sehr ernsthaft gefragt, ob es die Stimmung dieses Tages
hergebe, das zu sagen, was ich mir zu sagen vorgenommen habe.
Aber die Situation ist da, und es muß nun sein. Ich hoffe, daß
es möglich ist, eine Sorge, an das ganze Haus gerichtet, zu for-
mulieren, die dahin geht, daß wir uns vielleicht alle gemeinsam
fragen müssen, ob wir nicht unter dem Druck von Tagesereig-
nissen in eine Situation kommen können, Gesetze zu beschlie-
ßen, die uns allen eines Tages ein schlechtes Gewissen machen.

Was ich hier als kritischer Sozialdemokrat sage, ist unmiß-
brauchbar gegen meine Fraktion und die Bundesregierung.
Denn eines ist deutlich: Da, wo die Freiheit und der Individua-
lismus, aber auch die Sozialbindung des Eigentums wachsen, ist
die SPD zu Hause. Von diesem Platz lassen wir uns durch niemanden verdrängen. Es gibt keine politische Kraft in Deutschland, die für das Herstellen, Erhalten und Sichermachen einer
sozialen Demokratie mehr geleistet, gelitten und gerungen hat
als die SPD.

Wer im Widerspruch zur Mehrheitsmeinung der eigenen
Fraktion im Bundestagsplenum das Wort begehrt, muß es hinnehmen, daß manche sagen, er wolle etwas für sich und nicht für
die Sache. Die Sache aber, um die es hier und heute geht, ist so
schwierig, daß sie unterschiedlicher Überzeugungen bedarf.
Kann der Zustand der Demokratie durch die Verschärfung des
Strafrechts verbessert werden? Die Frage stellt sich angesichts
des von der Bundesregierung eingebrachten Entwurfs eines Ge-
setzes zum Schutz des Gemeinschaftsfriedens, mehr noch durch
die schärferen Gesetzesvorhaben des Bundesrats wie der Fraktion der CDU/CSU.

Weniges bewegt die Menschen in der Bundesrepublik dringender als der internationale Terrorismus und die Auswirkung in unserem Land. Durch die Vorgänge um Peter Lorenz und den Überfall von Terroristen auf die Botschaft der Bundesrepublik in Stockholm, durch scheinbar namenlos gebliebene Opfer wie durch die immer vorhandene Gefahr weiterer Anschläge auf den liberalen Rechtsstaat ist die Verantwortlichkeit aller nachdenklichen Bürger entschieden herausgefordert.

Politik ist von den geistigen Auseinandersetzungen der Zeit nicht zu trennen. Berührt sind durch Erpressungen mit Geiseln und jede Form politischer Kriminalität Grundfragen des Verhältnisses zwischen Zeitgeist und Intelligenz, Demokratie und Macht. Die Forderung nach der Stabilität der inneren Sicherheit sollte das Verbindende unter allen Demokraten sein und bleiben. Für ihre größtmögliche Verwirklichung bestehen jedoch verschiedene Vorstellungen. Keine bietet entsprechend der Grundbedingung der menschlichen Existenz eine Sicherheitsgarantie. Es bleibt immer ein Rest an Unsicherheit, den einzugestehen politisch so schwierig wie konsequent erscheint. Denn jeder neue Terrorakt ruft in der Öffentlichkeit gewaltige Emotionen hervor. Sie werden unweigerlich zum Material der Auseinandersetzung zwischen den Parteien. In einem öffentlichen Klima aber, das emotional aufgeheizt wird, fällt es schwer, über Gewalt so nüchtern zu debattieren, wie es das parlamentarische Gebot der Stunde ist.

Zu unterscheiden ist, scheint mir, zwischen juristischen Erwägungen und einem umfassenden Denken, das sich nicht mit Gesetzgebung zu begnügen vermag. Nach geltendem Recht sind die Befürwortung von Gewalt und die Anleitung zu Straftaten schon bisher unter Strafe gestellt, dann nämlich, wenn es sich um versuchte Anstiftung im Sinne des § 30 oder eine öffentliche Aufforderung zu Straftaten im Sinne des § 111 handelt. Mit Strafe bedroht sind außerdem die Beschimpfung der verfassungsrechtlichen Ordnung (§ 90a), die Störung des öffentlichen Friedens durch die Androhung eines gemeingefährlichen Verbrechens (§ 126), Volksverhetzung nach § 130, Verherrlichung von Gewalt nach § 131, Billigung von Straftaten nach § 140, Bedrohung mit einem Verbrechen nach § 241.

Das Grundgesetz und das gesamte Rechtswesen der bisher freiesten und sichersten deutschen Demokratie bieten einen so umfassenden Schutz gegen Terrorismus und politische Kriminalität, wie er international unübertroffen ist. Wenn das Strafrecht darüber hinaus verschärft wird, muß die zusätzliche Effektivität einer solchen Gesetzgebung bezweifelt werden. Vor allem aber besteht die Gefahr, daß durch gesetzestechnischen Perfektionismus etwas ganz anderes erreicht wird als die Zielvorstellung des aus Sorge um die rechtsstaatliche Ordnung bestimmten Regierungsentwurfs, nämlich ein Klima von Einschüchterung, Opportunismus und jener Selbstzensur, die in Deutschland allzu häufig Zivilcourage verdrängt.

Insbesondere gilt das für den Begriff der Befürwortung von Gewalt in Schriften, auch wenn der neue § 88 a einen Teil öffentlich erhobener Bedenken berücksichtigt und trotz des Vorbehalts für Kunst, Wissenschaft und Berichterstattung nach § 86, Absatz 3. Ich verkenne nicht, meine Damen und Herren, daß die Strafvorschrift gegen die Befürwortung von Gewalt jetzt im neuen § 88 a enger gefaßt wurde, als es der ursprüngliche Entwurf vorsah. Ich könnte mir sogar vorstellen, daß es zu kaum einer rechtskräftigen Verurteilung auf Grund des neuen § 88 a kommt. Jedoch setzt die Vorschrift eine Strafnorm, die wegen ihrer Kompliziertheit – erst definiert sie einen Bereich der Strafbarkeit, dann zieht sie mehrere auslegungsbedürftige Kauteln wieder davon ab – manche Unsicherheit mit sich bringt. Wie viele enge Geister werden meinen, da müsse doch endlich einmal durchgegriffen und Anzeige erstattet werden! Wieviel Staatsanwälte, die die Lage nicht ganz übersehen, werden zu Ermittlungen schreiten, die Betreffenden vorladen und sich rechtfertigen lassen!

Außerdem ist, fürchte ich, noch immer nicht mit Sicherheit auszuschließen, daß an dem einen oder anderen Ort der Justizbürokratie für strittig erklärt wird, was als Kunst zu gelten habe, und im Endeffekt dann doch ein solches Gesetz zu Zensurmaßnahmen mißbraucht werden kann. Jeder, der sich nur einige Jahre mit zeitkritischem Schreiben beschäftigt hat, kennt auch die Erfahrung, daß der bisher uns schützende Artikel 5 des Grundgesetzes zwar Zensurfreiheit fordert, aber in der Praxis das Ringen um die veröffentlichte Meinung mehr oder weniger sublime Formen der Einflußnahme von Interessen, ob unter dem euphorischen Etikett angeblicher Ausgewogenheit, zur Regel macht.

Wer das öffentliche Klima in der Bundesrepublik mit internationalen Maßstäben mißt und das begonnene Jahr 1976 mit dem Demokratieverlangen der Mehrheit Ende der sechziger und Anfang der siebziger Jahre vergleicht, mag sich sorgen, daß die Demokratie unter dem Druck von nationalem Ordnungsdenken Rückschritte macht. Eine Bewegung ist in Kraft, die Freiräume einengt und in einigen Fällen Weimarer Ausmaße von Demokratiefeindlichkeit annimmt. Jeder, der dem überkommenen Zustand unserer Republik nicht huldigt und die Unverrückbarkeit der Gegebenheiten nicht als verfassungsbedingt erachtet, setzt sich der Bedrohung aus, von Verfechtern dieser Tendenz als »verfassungsfeindlich« denunziert zu werden.

Der Staat, in dem wir leben, ist aber noch lange nicht die Demokratie, die das Grundgesetz fordert. Also ist seine Veränderung mit demokratischen Mitteln eine legitime Forderung, die nur den ewig Rückwärtsgewandten nicht einleuchtet. In diesem Zusammenhang muß ein Teil des öffentlichen Erfüllungsdrucks nach Gesetzesverschärfungen gesehen werden.

Kein Vernünftiger wird Gewalt verharmlosen. Fest steht aber auch, daß der politische Terrorismus kleiner Gruppen den sozialen und um Demokratie bemühten Rechtsstaat nicht ernsthaft zu gefährden vermag, wenn wir ihm mit dem sachlichen Gebrauch vorhandener Rechtsmittel und dem unerschütterlichen Festhalten an demokratischen Errungenschaften begegnen; denn nicht Ruhe, sondern Demokratie ist die erste Bürgerpflicht.

Es ist aus diesem Grund, so denke ich, erforderlich, sich zu erinnern, wie alles begann. Denn offensichtlich gibt es im Leben der Völker zyklische Prozesse, deren Zwangsläufigkeit allerdings im voraus nie erwiesen, eher im nachhinein festgestellt wird. Zwei Jahrzehnte lang war in der Bundesrepublik eine historische Schrecksekunde bestimmend, in der das »Tausendjährige Reich« politischen Gewalttätern den Atem verschlagen hatte. Erst eine neue Generation machte sich davon frei. Kaum einer bezweifelt heute im Rückblick das außerordentliche intellektuelle und moralische, teilweise erklärt christliche Niveau der Außerparlamentarischen Opposition und des Sozialistischen Deutschen Studentenbunds, des SDS, in der Initialphase ihrer politischen Wirkung Mitte der sechziger Jahre. Unübersehbar sind aber auch die Markierungspunkte, an denen sich die Studentenbewegung teilte und in der großen Mehrheit zu den demokratischen Parteien wie in etablierte Positionen der Gesellschaft überging, während der ursprünglich moralische Antrieb in einigen rasch isolierten Gruppen der extremen Minderheit zu Terrorismus und militanter Ignoranz pervertierte.

Tatsache ist: diejenigen, die sich für Revolutionäre halten, haben – teils nach einschlägigen Lehrbüchern – Verbrechen gegen die Humanität politisch zu rechtfertigen versucht. Wie immer ihre Gewaltanwendung epidemischen Charakter hat, sie erscheinen intellektuell besonders verantwortlich. Denn ihre geistigen Voraussetzungen liegen weit über dem Durchschnitt. Sie entstammen vorwiegend der bürgerlichen Schicht und hatten, wenn auch voller Wut, teil an Privilegien jener Bevölkerungsgruppe, die sich im Kern auch heute als akademische Elite begreift. Eines unter anderem ist ihnen gelungen: sie haben eine Verschärfung des öffentlichen Klimas herbeigebombt. Sie haben damit auch, durchaus gemäß ihrem Vorsatz, bei einem freilich kleinen Teil der Bevölkerung eine verborgene, immer vorhandene »Rübe-ab«-Mentalität bloßgelegt. Wenn sie eines vor allem wollen, dann ist es dies: daß der Rechtsstaat sein Gesicht verliert.

Warum ist es so schwierig, großen Bevölkerungsgruppen klarzumachen, mit welchen Zielen der Terrormechanismus abläuft? Wer gegen unbeteiligte Menschen mit Bomben wütet wie Baader, Meinhof und ihre Nachfolger, wird niemals den Weg in eine bessere Gesellschaft freisprengen. Er provoziert nur den

Ruf nach Recht und Ordnung in ewig gestriger Verzerrung.

Dieses Land hat Erfahrung mit politischen Mördern und Gewaltherrschaft. Der Staat aus Stahl und Eisen – den haben wir allzu lange gehabt, der soll uns nicht wiederkehren durch die Hintertür, an der die Bombenleger ihren Schattenkrieg hochgehen lassen. Es gibt viele Dinge, die es in diesem schwierigen Land namens Bundesrepublik zu schützen lohnt. Es muß möglich sein und bleiben, daß Künstler und Autoren vom Standpunkt einer radikalen Moral aus die Gegenwartspolitik kritisieren, wie Pasternak, Solschenizyn und Sacharow das in der Sowjetunion getan haben oder Pablo Neruda in Chile, Theodorakis im Griechenland der Junta, Wolf Biermann in der DDR, Heinrich Böll und andere in der grundsätzlich anders gearteten Bundesrepublik...

(An dieser Stelle war die offizielle Redezeit abgelaufen. Der amtierende Präsident, Richard Jaeger, forderte den Redner auf, zum Schluß zu kommen. Lattmann brach daraufhin mit den folgenden beiden Sätzen ab und gab anschließend den noch vorgesehenen Text seiner Rede nach § 59 der Geschäftsordnung des Bundestags zu Protokoll. Die Wiedergabe erfolgt hier nach dem stenographischen Bericht der Plenumsdebatte.)

Es gibt Situationen, in denen sich die politischen Prioritäten neu und mit Macht stellen. Meine Abwägung sieht so aus, daß ich, indem ich meine ernsthaften Bedenken zurückstelle, mit der sozialdemokratischen Bundestagsfraktion stimme.

ERKLÄRUNG nach § 59 GO

Drr Konflikt zwischen Geist und Macht – auch eine Gewaltenteilung – ist so alt wie notwendig. Im Gegensatz zur Politik, die ständig auf Kompromisse angewiesen ist und ihr Prinzip geradezu in der Relativierung vorgeblicher Eindeutigkeiten findet, müssen sich Literatur und Kunst die große Einseitigkeit leisten können, die moralische Energien zu einer übermenschlichen Anstrengung bündelt: zur Utopie einer gerechteren urdemokratischen Welt, deren Idee naturgemäß vorhandene Privilegien zutiefst in Frage stellt und deswegen den Verfechtern eines immer nur bleibenden Zustandes gar als Befürwortung von Gewalt erscheinen mag.

Sind wir nach Weimar und den dreißiger Jahren so sicher, daß kein deutscher Richter jemals wieder das Recht beugt? Wo wäre der Staatsanwalt, der das bestehende Strafrecht konsequent gegen die Verherrlichung von Gewalt in Landserheften anwendete? Ist nicht Kriegsspielzeug auf dem Weihnachtstisch auch eine Befürwortung von Gewalt?

Um mit dem Problem politischer Gewaltverbrechen fertig zu werden, bedarf es anderer Kräfte als eines angeblich immer lückenloseren Gesetzesapparats. Die Überwindung dieser Krise der Demokratie, die – ausgehend von bedrohlichen Randerscheinungen – ins Zentrum der öffentlichen Auseinandersetzung gerückt wurde, ist in erster Linie eine Frage des demokratischen Bewußtseins sehr vieler und nicht zu leisten ohne die solidarische Sachlichkeit all derer, die sich mitbetroffen empfinden, wenn man in Deutschland wieder einmal Bomben gegen die Demokratie wirft.

Freiheit in der Bundesrepublik

Rede im Internationalen Pressezentrum Brüssel,
gehalten am 23. Juni 1976

Wie beliebt ist die Freiheit? Ich fürchte, wenn man in der Bundesrepublik Deutschland gegenwärtig diese Frage sehr vielen Menschen in Form der so unwahren wie suggestiven Alternative »Wollt Ihr Freiheit oder Ordnung?« stellte, würde eine große Mehrzahl die *Ordnung* wählen – eine wie vage Vorstellung von öffentlicher Ungestörtheit, Staatsautorität und privater Sicherheit damit auch immer verbunden sein mag. Die Antwort, meine ich, hätte vor acht Jahren anders gelautet, und vor zwanzig Jahren wäre sie wohl dem heute zu erwartenden Resultat ähnlicher ausgefallen.

Wer mit solchen Begriffen vordergründig umgeht, wie es die Parteienpolitik auf ihrer Jagd nach mehrheitsträchtigen Emotionen fast überall tut, müßte sich in erster Linie abnötigen lassen, daß er klarstellt, welche Freiheit für wen, beziehungsweise welche Ordnung er meint.

Die Politik befindet sich im Verhältnis zur Idee der Freiheit seit Menschengedenken auf der vergleichsweise profanen Ebene der Relativierung aller Verwirklichungen, während die Philosophie den Höhenflug und die Tiefen des menschlichen Freiheitsvermögens durchmißt. Solange Staatsphilosophie betrieben wird, erscheint die Freiheit des Menschen durch Herrschaftssysteme relativiert. Ob es sich um die totale Staatsidee in der Folge von Plato über Rousseau und die Jakobiner bis zu den Bolschewiki handelt, oder um die relativierende Staatsidee von Aristoteles über Montesquieu und die Girondisten bis zu den Menschewiki – immer war und ist die Idee menschlicher Freiheit eine konkrete Utopie. Generation um Generation stellt an sie neue Ansprüche der Realisierung. Das Ziel wird immer nur in Etappen, niemals endgültig erreicht.

Vollständige Freiheit ist nicht lebbar. Die Forderung nach der Freiheit des anderen setzt in der Regel Maßstäbe für die Grenzen der eigenen Freiheit. Im engeren Blickwinkel der europäischen Geschichte seit der Französischen Revolution, seit der explosiven, faszinierenden und zugleich mörderischen Forderung nach »Freiheit, Gleichheit, Brüderlichkeit« über den Wirtschaftsliberalismus des vorigen Jahrhunderts, der sich Freiheit vor allem als Befreiung einflußreicher Individuen vom Anspruch des Staates auf jedwedes Reglement des persönlichen Daseins dachte, bis zu den Grundwerten sozialdemokratischer Konzeption in Deutschland – »Freiheit, Gerechtigkeit, Solidarität« –, die sich inzwischen auch Überbauplaner im christdemokratischen Lager angeeignet haben – ohne Zweifel ist das oft gebrauchte Bild der Spirale kennzeichnend, das besagt: In kaum einer Zeit tritt man nur auf der Stelle, es gibt vielmehr Aufwärtsentwicklungen auch ohne ins Auge springendes Vorankommen – Schraubbewegungen der Historie.

Jede Generation hat die Chance, die erlebbare Freiheit der einzelnen und der Gruppen mit dem Ziel von mehr Freiheit durch sozialen Fortschritt weiterzuentwickeln, um ein Stück – aber kaum mehr. Auf Phasen der Reformbereitschaft, der Veränderungswilligkeit der Mehrheit also, folgen Rückschläge obrigkeitsstaatlicher Unterwerfung und Unterworfenheit. Myriaden Partikel, unzählige Einzelaktionen und Reaktionen bestimmen die Fliehkraft des Zeitgeistes, mitgerissen, einander widerstrebend im Wirbel um die Pole eines massenpsychologischen Magnetismus, von dem niemand unter den Zeitgenossen mit Sicherheit sagen kann, wie weit er eigengesetzlich auftritt und wie weit er von konzertierten Aktionen der Machtinteressen gesteuert wird. In den handlungskräftigsten Politikerpersonen, die auf der Zeitbühne Hauptrollen spielen, widerstreiten jedenfalls demagogische *und* demokratische Prinzipien einander.

Von Freiheit zu sprechen, zumal in der politischen Auseinandersetzung, sollte deswegen immer die öffentliche Forderung nach sich ziehen, daß der einzelne seine Vorstellung von Freiheit konkretisiert. Die christsoziale Wahlparole »Freiheit oder

Sozialismus?« zum Beispiel ist eine Trugalternative, die sich im Irrationalen tummelt und somit den Appell an die Vernunft strikt ausschließt. Der Alleinvertretungsanspruch auf die Freiheit ist so antidemokratisch wie totalitär. Daß diese gespenstische Kampfparole in der Bundesrepublik dennoch gegenwärtig mit Donnergetöse von Süden nach Norden umhergewittert, weist nur um so drastischer auf das Phänomen hin, daß man sich in Westdeutschland in einer Phase der emotionalen Gegenreformation, ja der weitgehenden Verdunkelung der Chancen für politische Rationalität befindet.

Es gibt in der Bundesrepublik derzeit einen verbalen Tumult um die Freiheit, der offenbar um so gewaltsamer öffentliche Emotionen schürt, je konkreter die Gefahr der Abwesenheit von Freiheit ist. Wie anders läßt sich das Freiheitsversprechen auf den Lippen gerade derjenigen deuten, deren politische Denkart doch immer nur den Anspruch konservativer Machtinteressen auf den Staat und die Gesellschaft zu stabilisieren trachtet? Es gibt im westlichen Deutschland einen neuen Dünkel, der so tut, als habe er die Gerechtigkeit und den Himmel auf Erden gepachtet. Ordnung erscheint ihm wie selbstverständlich als Unterordnung der Mehrheit unter die Oberen Zehntausend. Ich will diese Kritik nicht über ganze Parteien, die CDU und die CSU, stülpen – offensichtlich ist jedoch, daß gerade manche, die sich christlich nennen, in Wahrheit längst ins Alte Testament zurückfallen. Dann wird der politische Gegner zum Feind, und die Devise heißt nur noch: Auge um Auge, Wort um Wort.

Freiheit, konkrete, persönliche, im Beruf und im privaten Leben erfahrbare Freiheit kann doch nach aller Regel für die große Zahl der in einer Demokratie lebenden Menschen nur dann entstehen, wenn tatsächlich ein Mehr an Freiheit für die sozial, also wirtschaftlich Schwächeren gewährleistet ist. Nicht die großen Familien und Jahrhundert-Eliten brauchen mehr Freiheit, denn sie haben seit Generationen genug davon. Auch Unternehmer und akademische Führungsschichten benötigen nicht dringend mehr Freiheit – obwohl ihnen niemand den bestehenden Freiheitsspielraum streitig machen will. Mehr Freiheit benötigt indessen die große Mehrzahl der in Deutschland abhängig Tätigen. Nicht politische Theorien, nicht ideologische Konzeptionen, gleich welcher Lesart, sondern das energische Bemühen um eine Schritt-für-Schritt-Politik der sozialen Reformen und der Mitbestimmung führt für diese Gruppen der Bevölkerung die Vermehrung der Freiheit herbei. Darum geht der Kampf.

Wie spiegelt sich diese Auseinandersetzung gegenwärtig im Verhalten derer wider, die von Berufs wegen die Sprachmächtigen sind? Zäsuren im geistigen Klima der Gegenwart ereignen sich nicht spontan, sie bereiten sich in der Regel in einem Zeitraum von mehreren Jahren vor und werden durch aktuelle Konstellationen offensichtlich. Literatur zum Beispiel ist höchst selten der Verursacher exemplarischer Stimmungsumschwünge, gewiß aber ein Spiegel und Gradmesser für Bewegungen des Zeitgeistes überhaupt. Freilich vermag sie einem Verhaltenswechsel der Gesellschaft nicht mit der quicken Faszination von Tagesmedien zu folgen. Sie antwortet auf die jeweils veränderte Lage mit der Verzögerung möglichst genauer Erfahrung, die die Voraussetzung energischer Differenzierung ist.

Die literarische Entwicklung in der Bundesrepublik ist für die Mehrzahl der heute Lebenden noch mit dem eigenen Dasein synchron. Mehr und mehr jedoch wird das Bewußtsein von Zeitgenossenschaft und Zusammenhang abgelöst durch Generationssprünge und Diskontinuität. Von der Utopie der Nachkriegsstunde Null über sprachlichen *Kahlschlag* und heimatlose Linke in der Gruppe 47 bis zur »Publikumsbeschimpfung« der Handke-Generation und zur Wiederentdeckung des Trivialen, von der »Einigkeit der Einzelgänger« – der ersten bundesweiten Autorenorganisation von berufspolitischer Tragweite – über die *Literatur der Arbeitswelt* bis zur *Neuen Innerlichkeit* steht die Beziehung zwischen Politik und Zeitgeist, Literatur und Lehre unter Wechselstrom.

Weniger von der Literatur als von ihren Anlässen und ihrem Kommunikationsverlangen möchte ich reden. Weniger von der langen und schwierigen Geschichte der Konvergenz zwischen der Literatur deutscher Sprache und ihrer Wissenschaft, der

Germanistik, als von einem zuweilen widersprüchlichen, zuweilen übereinstimmenden Klima im Zwischenfeld, in dem beide einander durchdringen.

Wie Universitäten und Schulen die zeitgenössische Literatur aufgreifen und thematisieren, auf welche Distanz sie sich verabreden oder welche Nähe sie um den Preis vielleicht sogar der Wissenschaftlichkeit riskieren, das sagt über einen Kulturstaat Exemplarisches aus. Zu diesem *Kulturstaat be*kennen wir Deutsche uns um so häufiger mit vor schlechtem Gewissen gekräuselten Lippen, je rückhaltloser wir *er*kennen, daß er im öffentlichen Bewußtsein zu kurz kommt.

Nicht anders verhält es sich mit der freiheitlich demokratischen Grundordnung. Die Häufigkeit ihrer offiziellen Beteuerung wird gegenwärtig eher zum Meßwert für die Gefahr ihrer Einschränkung. Da mir kaum ein deutsches und europäisches Thema gegenwärtig brennender erscheint, will ich mich darauf konzentrieren. Das heißt sich einlassen auf die Gegenläufigkeit von Entwicklungen, die oft nur eindimensional gesehen werden. Es heißt auch: einer Neigung zu Übersteigerung, zu Euphorie oder Phobie entsagen, die in Deutschland wieder einmal um sich greift. Das öffentliche Klima ist in diesem Punkt bei uns gewiß nicht frei von Hysterie.

Die intellektuelle Situation der Zeit hat sich in der Bundesrepublik in den zurückliegenden zehn Jahren zweimal entscheidend gewandelt: Zunächst ab 1966 durch den Aufbruch zu einer in Deutschland nicht selbstverständlichen Liberalität und Reformbereitschaft, ausgelöst unter anderem durch das entschiedene Demokratieverlangen eines Großteils der damals erwachsen gewordenen Generation. Dann acht Jahre später, ab 1973, im Umschwung zu neokonservativen Strukturen mit Anpassungsprozessen unter dem Druck einer Gegenreformation, zu der die verschlechterte wirtschaftliche Situation, der sich abzeichnende Numerus clausus an den Universitäten, und nicht zuletzt die totale Überzeichnung der Möglichkeiten des politischen Terrorismus in den Medien, aber auch in den Parlamenten von Bund und Ländern beigetragen haben.

Kein Vernünftiger wird der militanten Gewaltausübung durch versprengte Extremisten das Wort reden, kein Verantwortlicher sie auch nur im Ansatz billigen. Verbrechen dieser Art müssen durch den entschiedenen Gebrauch vorhandener Rechtsmittel verfolgt und geahndet werden wie andere Kriminalfälle auch. Aber wie man in der Bundesrepublik auf die Attentate der Terroristen reagiert hat, das verdeutlicht zweierlei: den nationalspezifischen Hang zu ordnungsstaatlichem Denken, sogar um den Preis der Teilaufgabe demokratischer Grundrechte, und die extreme Mißbrauchbarkeit solcher Vorkommnisse für die politische Reaktion im Lande, der ein neuer Ruf nach dem starken Mann unweigerlich durch jeden neuen Terrorakt frei Haus geliefert wird.

Daß es bei alledem auch einen Zusammenhang zwischen den Absichten der Terroristen und aktuellen Massenentscheidungen, wie zum Beispiel Wahlen in Bundesländern gab, ist nach dem Kidnapping von Peter Lorenz unmittelbar vor den Wahlen zum Berliner Repräsentantenhaus und dem Überfall auf die Botschaft der Bundesrepublik in Stockholm kurz vor den jüngsten Wahlen in Nordrhein-Westfalen offensichtlich. Dies gehört zum Schwierigsten, weil die Emotion des großen Publikums den Zusammenhang schwerlich begreift.

Jedenfalls feierte die Unverhältnismäßigkeit der Mittel in der Konfrontation der Parteien und in einer öffentlichen Diskussion, wie sie in keinem vergleichbaren europäischen Land so verzerrt und erbittert geführt wurde, ungemein deutsche Triumphe. Man muß sich sorgen – und das gehört in der Politik zum kaum Aussprechbaren –, daß die Terroristen, die doch weder zahlenmäßig noch an technischen Mitteln jemals in der Lage waren, die freiheitlich-demokratische Grundordnung in der Bundesrepublik ernsthaft zu beeinträchtigen, infolge einer öffentlichen Überreaktion die Chance erhalten, teilweise noch aus dem Gefängnis heraus – und über den Tod von Ulrike Meinhof hinaus – Gesetze und Verordnungen des Bundes und der Länder zu beeinflussen, nämlich Verschärfungen des Strafrechts und der Extremistenmaßnahmen auszulösen, in denen immer mehr

Demokraten im Lande, aber auch ein Teil der internationalen Öffentlichkeit einen Abbau des Rechtsstaats sehen.

Dies ist eine reale Gefahr, die in unauflösbarem Widerspruch zu anderen Reaktionsweisen der Öffentlichkeit in der Bundesrepublik steht. Die Tatsache, daß in Westdeutschland zum Beispiel jährlich mehr als 100 Kinder durch Mißhandlungen ihrer eigenen Eltern zu Tode kommen, und die deutsche Öffentlichkeit darauf ungleich weniger allergisch reagiert als auf das Phänomen des Terrorismus, kann nicht übersehen werden.

Politisch ist der Terrorismus mit allen seinen Folgeerscheinungen ein um so brisanterer Stoff, als er jederzeit im Bundestag den Restbestand der so oft und mit manchen Täuschungsmanövern beschworenen Gemeinsamkeit der Demokraten gefährdet. Da wirft die Opposition der Bundesregierung vor, sie lasse zu, daß der Staat zur schlappen Spottgestalt werde. SPD und FDP aber haben die Macht überkommener Grundstrukturen bisher – ohne Mehrheit in der zweiten Kammer, dem Bundesrat, wo CDU und CSU ungebrochen bundespolitisch weiterregieren – nicht ausreichend zu verändern vermocht, um wirklich souverän zu sein. Zu lang auch haben sie den reaktionären Druck aus nationalistischen Lagern zumindest in ihrem öffentlichen Verhalten bagatellisiert.

Wer wagt es etwa, Ulrike Meinhofs anfänglich hochsensibles Eintreten für Rechtsstaat und Demokratie in seinem katastrophalen Umschlag zu Rechtsfanatismus und schließlich mörderischen Gewaltakten gegen die Demokratie einmal in unerschütterlicher Distanz ins Verhältnis zu einem Stück klassischer deutscher Literatur zu setzen: nämlich zu Kleists »Michael Kohlhaas«?

Während all dies stattfand, vollzog sich unter den Intellektuellen ein Wandel. Auf den Aufbruch der Künstler und Autoren aus ihren zahlreichen Elfenbeintürmen folgte überraschend schnell und heftig ein neuer Privatismus, auf das scheinbar umfassende politische Engagement schöpferischer Intelligenzen eine neue Flucht in die Vereinzelung. Während hier und dort Verlassenheit und Trauer auf der Endmoräne der Außerparlamentarischen Opposition von 1968 einen ohnmächtigen Protest aufpflanzen, kerben sich die Mitglieder schlagender Verbindungen mit neuem Stolz die Insignien ihrer Elitevorstellungen ins Gesicht. Zwar gibt es Schriftsteller, Wissenschaftler und Künstler, die sich weiterhin oder erneut in Bürgerkomitees und Wählerinitiativen für Sozialdemokraten und Liberale engagieren; zwar haben maßlose Schreckensformeln vor allem aus der CSU und der süddeutschen CDU Anzeichen einer wieder dringlicheren Motivierung unabhängiger Demokraten zur Verteidigung der Grundfreiheiten hervorgerufen, aber der Verlauf dieser Auseinandersetzung ist weniger mit den Konturen der Parteien identisch als 1969 und 1972.

Die junge deutsche Generation sieht sich draußen vor der Tür: immer öfter vor geschlossenen Toren der Universitäten, Ausbildungsplätze und Berufe. In der Hoffnung, doch noch hineinzukommen, steht sie in immer unbeholfenerer Weise innerlich großenteils wieder stramm. Während die Urteilsfähigkeit der überwiegenden Mehrzahl der Bürger im Lande durch Überlänge der Schrecksekunde auf die Furcht vor Umstürzlern aus immer nur jener einen Richtung programmiert wird, nimmt eine neue Generation vielerorts schon wieder die Hände an eine geistige Hosennaht. Obwohl doch die Weimarer Republik am Rechtskartell zugrunde ging, obwohl Hitler von rechts kam und die demokratische Linke in Deutschland an zwei Weltkriegen und nationalen Katastrophen nur begrenzt die Mitschuld trägt, ist die Mehrheit der Westdeutschen noch immer oder zum Teil schon wieder unempfindlich gegen antidemokratische Verhaltensweisen auf der Rechten, aber allergisch gegen alles Linke.

Mit dem bloßen Mechanismus zwischen Rechts und Links, mit der wechselseitigen Steigerung der politischen Gegensätze, vor allem an ihren extremen Rändern, ist die aktuelle Entwicklung in der Bundesrepublik allerdings nicht abzutun. Im Gegenteil: Von der ausgeflippten Politsekte bis zum kriminalisierten Extremismus, von antidemokratischen Umtrieben in reaktionären Lagern bis zur schieren Gleichgültigkeit ist auf unserer politischen Landkarte alles gleichzeitig vorhanden. Die in den Parlamenten vertretenen Parteien aber kämpfen um das, was sie die Mitte nennen. In Wahrheit handelt es sich um 8 bis bestenfalls 15 Prozent Wechselwähler, die das jeweils nächste Wahlergebnis bestimmen.

Das einzige, worauf Politik sich jederzeit verlassen kann, ist der engstirnige Egoismus der einzelnen und der Gruppen, die den Staat nicht vorwiegend als das rational zu organisierende Gemeinwesen für das bestmögliche Zusammenleben von Millionen Menschen betrachten, sondern als einen Selbstbedienungsladen, aus dem jeder für sich herauszuholen trachtet, soviel er ergattern kann. Besonders in Zeiten, die als krisenhaft empfunden werden, steigert sich die Inflation der Ansprüche in manischer Weise. Jede von Gruppenegoismus diktierte Forderung wird bis zur Grenze der öffentlichen Belastbarkeit ausgereizt.

In der Auseinandersetzung um den Zustand der deutschen Demokratie geht es dabei vordergründig um nichts anderes als Verfassungstreue – worunter wieder verschiedene Gruppen denkbar Unterschiedliches begreifen – bis hin zur gegensätzlichen Auslegbarkeit des Extremistenurteils des Bundesverfassungsgerichts sowie der Spaltung zwischen den großen Parteien und dementsprechend getrennter Rechtslage in den Bundesländern. Im Hintergrund tragen sich Weimarer Eskalationen zu.

Sprachlich wird um den Freiheitsbegriff eine Art von Exorzismus inszeniert, der – denke ich – nicht zuletzt auf dem latent vorhandenen schlechten Gewissen einer Gesellschaft beruht, die in der Phase eines öffentlichen Meinungsumschwungs, den Heinrich Böll mit Recht einen »Rechtsruck« genannt hat, zu viele Freiheiten eingeschränkt hat.

Vom Notstandsgesetz über den sogenannten »Radikalenerlaß« des Bundeskanzlers und der Ministerpräsidenten vom 28. Januar 1972 – im Frühjahr 1976 haben sich die Sozialdemokraten, Helmut Schmidt und Willy Brandt an der Spitze, endlich vernehmlich von ihm losgesagt –, von mehrfachen Strafrechtsänderungen über die Änderung der Strafprozeßordnung und die in Angriff genommene Strafprozeßnovelle bis hin zu allen Verbesserungen, aber auch Verschärfungen der Instrumentarien des

Bundeskriminalamts und der Polizeiorgane der Länder ist in den zurückliegenden Jahren und Monaten ein Katalog gesetzestechnischer Maßnahmen und bürokratischer Verordnungen geschaffen worden, der längst ein Klima von Einschüchterung erzeugt hat. Die bedeutenden Leistungen der Justizreform der sechsten und siebten Legislaturperiode im Bereich des Bürgerlichen Gesetzbuchs, das aus dem Jahre 1900 stammte, und des Strafgesetzbuchs von 1871 wurden dadurch auf paradoxe Weise verdunkelt.

Wie konnte es dahin kommen bei diesem zweiten Versuch, eine Demokratie in Deutschland einzubürgern? Wie trotz einer im Vergleich zu Weimar für grundsätzliche Veränderungen offeneren Ausgangssituation? Trotz des demokratischen Engagements so vieler einzelner in so vielen Berufen, praktischen und schöpferischen, in Forschung und Lehre, Literatur und Kunst? Niemand, der mit intellektuellen Kategorien umgeht, sollte den Einfluß der Intellektuellen auf die Demokratie überschätzen, aber auch nicht ihr leicht in Ambivalenz umschlagendes Verhältnis zu Politik und Moral.

Dem Versagen des Staates – im Föderalismus also auch der Länder – entspricht, meine ich, ein Versagen der Individuen in einer Vielzahl von Fällen. Zwei Probleme sind in der Bundesrepublik in diesem Zusammenhang übermächtig: auf seiten des Staates die mancherorts katastrophale Auswirkung des »Radikalenerlasses«, den ich *Extremistenerlaß* nenne, aufgrund autoritär-bürokratischen Erfüllungseifers, auf seiten einer kaum wägbaren Zahl von einzelnen etwas so Schwieriges und zunächst Mißverständliches wie eine neue unbewältigte Vergangenheit der immer wieder von Gegnern behaupteten Sympathie nicht weniger Intellektueller auch für Gewalt, namentlich im zugespitzten Fall gesellschaftlicher Auseinandersetzungen.

Beides wird niemand behaupten können, ohne auf Mißdeutungen und Konfrontationen zu stoßen – schon gar nicht in der Politik. Unter Intellektuellen in der Bundesrepublik, unter Lehrenden und Lernenden wie unter Schriftstellern gibt es dennoch gegenüber beiden Aspekten so etwas wie eine gemeinsame Verpflichtung zum Eingeständnis begangener Fehler – es sei denn, einer fühle sich völlig frei davon.

Während in Stuttgart-Stammheim der Baader-Prozeß sich hinquält auf eine Weise, die ein Großteil der Bevölkerung nicht mehr begreift, brachte unlängst eine überregionale norddeutsche Tageszeitung eine Meldung, die dem Versuch gleichkommt, ein Damoklesschwert über den Köpfen angeblicher Sympathisanten von Baader und Meinhof schweben zu lassen. Die Redaktion sei, so hieß es, im Besitz einer Liste mit den Namen von 80 prominenten Politikern, Professoren, Schriftstellern, Journalisten, Theaterregisseuren und Schauspielern, die bei einer Wohnungsdurchsuchung in Heidelberg von der Polizei aufgefunden wurde. »Die Redaktion veröffentlicht die Liste nicht«, stand am Schluß des Artikels, »um zu verhindern, daß jemand in ein Szenarium gerückt wird, in das er möglicherweise oder mit Sicherheit nicht gehört.«

Zuvor aber hatte man unter der Überschrift »Das Protokoll der Sympathisanten« Spekulationen über mögliche Kontakte zwischen Terroristen und Intellektuellen angestellt, obwohl der Sachverhalt einzig dies hergab: Einige Gruppen, die wegen des Verdachts, potentielle Nachfolger der ehemaligen »Roten Armee Fraktion« der Terroristen zu sein, einer Fahndung unterliegen, haben in höchst einseitiger Weise bestimmte Prominente als Ansprechpersonen für ihre Zielsetzungen ausersehen. Das kann jedem Zeitgenossen ohne sein Wissen und Zutun widerfahren. Über die Einstellung des Betreffenden zum Terrorismus sagt derlei nicht das Geringste aus. Viel dagegen über das Klima von Denunziation, das in einigen publizistischen Organen unserer Republik herrscht.

Schließlich ist es nicht lange her, daß ein in Breitbrunn am Chiemsee erscheinendes Magazin, das den Namen Deutschland im Titel trägt, auf dem Umschlag Bilder von Heinrich Böll und Günter Grass, Rudolf Augstein und den Professoren Brückner, Gollwitzer, Mitscherlich und Seifert mit der Schlagzeile »Die geistigen Bombenwerfer« veröffentlichte. Wo die Verleumdung Platz greift, ist immer zuerst die Demokratie in Gefahr.

Dennoch meine ich: Auch wenn publizistische Reaktionäre solche Verketzerungskriege führen, darf die Auseinandersetzung mit dem Gewaltproblem unter Demokraten nicht ausbleiben. Berührt sind davon Grundfragen des Verhältnisses zwischen Intelligenz und Zeitgeist, Demokratie und Macht.

Kaum einer bezweifelt heute im Rückblick das außerordentliche intellektuelle und moralische, teilweise erklärt christliche Niveau der Außerparlamentarischen Opposition und des Sozialistischen Deutschen Studentenbunds, des SDS, in der Initialphase ihrer politischen Wirkung Mitte der sechziger Jahre.* Unübersehbar sind aber auch die Markierungspunkte der Entwicklung, an denen sich die Studentenbewegung aufspaltete und Leute durchzudrehen begannen, von denen nüchterne Wortführer der demokratischen Linken das keineswegs erwartet hatten. In einigen rasch isolierten Gruppen einer extremen Minderheit pervertierte sich der ursprünglich moralische Antrieb in Anarchismus und wachsende Gewalttätigkeit – das aber wurde von reaktionären Kräften mittels des Mechanismus der emotionalen Ausbeutung später der gesamten Außerparlamentarischen Opposition und ebenso pauschal schließlich auch der neuen Linken in der SPD vorgeworfen, um die Gegenreformation über die Machtergreifung des Irrationalen einzuleiten.

Da manche Politiker und Kommentatoren nicht müde werden, die Frage nach geistiger Mitverantwortung aufzuwerfen, darf eine differenzierte Beurteilung der Geschehnisse der Konstruktion solcher Zusammenhänge nicht ausweichen. Der Grundsatz »Im Zweifel für den Angeklagten« wird dabei im Rechtsstaat auch für die politischen Amokläufer gelten müssen, selbst wenn das Verständnis dafür in der Bevölkerung mit jedem neuen Terrorakt ein weiteres Stück verlorengeht.

Fest steht: Die sich für Revolutionäre halten, haben Verbrechen gegen die Humanität – teils nach einschlägigen Lehr-

---

* Der Autor bittet den Leser, hier und an einigen weiteren Stellen zu tolerieren, daß einzelne Formulierungen aus der vorangegangenen Bundestagsrede wiederkehren: Das Thema hat mich in der öffentlichen Auseinandersetzung weiterverfolgt und genauere Differenzierung verlangt. Beide Reden stehen hier um der Authentizität willen im tatsächlichen Wortlaut nebeneinander.

büchern – politisch zu rechtfertigen versucht. Sie entstammen vorwiegend der bürgerlichen Schicht und hatten – wenn auch voller Wut – teil an den Privilegien jener Bevölkerungsgruppe, die sich im Kern auch heute noch als akademische Elite begreift.

Sie hätten – auch das steht fest – nicht während mehrerer Jahre in manischer Steigerung ihres Ziels und der ihm geltenden Methoden in der Bundesrepublik so viel Bewegungsspielraum gefunden, wenn ihnen nicht Dutzende, ja vielleicht Hunderte anonym oder namentlich erkennbare Hilfe geleistet hätten. Hilfe durch Schweigen oder durch Handlungen. Den ebenfalls bürgerlichen Kreis der Sympathisanten, der ohne Frage bis zum Punkt der Einsicht und endgültigen Trennung idealistisch gestimmt war, wird man voraussichtlich nie ganz ergründen können. Das ist gut so. Denn es handelt sich um einen hochgradig mißbrauchbaren Vorgang. Es geht nicht um die totale Fahndung. Es geht auch nicht um den Triumph der Aufgebrachten und Verhetzten, sondern um die Bewältigung eines Stücks Vergangenheit: In manchen Wohnungen, in denen sehr differenziert urteilende Zeitgenossen leben, war man eine Zeitlang keineswegs hellsichtig gegenüber den Verheerungsmöglichkeiten des politischen Extremismus. Es gab eine verbreitete und außerordentliche Empfänglichkeit für Ideen zur durchgreifenden Änderung der Gesellschaft, die Gegengewalt gegen die gewaltsame Erhaltung des Bestehenden nicht aus dem Denken ausschloß.

Die Motivationen dafür reichen offensichtlich über das eindeutig Erklärbare hinaus. Diffizilste psychische Verwicklungen zwischen lauter Einzelpersonen wirken mit, gewiß auch ihr weitgehend unerfüllbares Verlangen nach Gemeinsamkeit. Ins Spektrum gehört, glaube ich, die Selbsterfahrung einer Handlungsschwäche bei vielen theoretischen Begabungen. Sie kann dazu führen, die Aktion an sich als Reibungskontakt mit der Wirklichkeit als eine Leistung anzusehen, zu der man sich überwinden muß. Das Ergebnis war in jenen Jahren nicht selten Aktionismus. Hinzu kam die Neigung nicht nur junger Intelligenzen, in der Verletzung der gesellschaftlichen Norm grundsätzlich ein Positivum zu sehen und sie durch historische Vergleiche zu überhöhen. Die Grenzen zwischen dem Extravaganten und dem Extremistischen sind häufig nur ungenau auszumachen.

Vor allem aber kommt man über eine grundsätzliche Schwierigkeit nicht hinweg, sobald man sich ernsthaft politisch engagiert: Die Unbeweglichkeit des gesellschaftlichen Zustands mit seinen Ungerechtigkeiten wider alle Vernunft vermag gerade die beweglichsten Köpfe zur Verzweiflung zu treiben. Zu einer Resignation, die auf der Einsicht basiert, daß durchschlagende Veränderungen mit legalen Mitteln in kurzer Zeit und für kleine Gruppen, die sich als Avantgarde verstehen, fast niemals zu verwirklichen sind. Die Allmacht überkommener Strukturen ist fast immer im Vorteil und wird obendrein noch als demokratisch geglaubt.

Es gibt neben der Geistesgeschichte der Revolutionen auch eine Geistesgeschichte des Scheiterns und der Vergeblichkeit des Aufruhrs, den politische Ideen entzündeten. Aus dem Wechsel der Herrschaft, den Gewalt herbeiführte, ging mit der neuen Klasse der Privilegierten regelmäßig auch der Verfall der Ursprungsidee hervor. Ein Teil der Verschwörung zu dauernder Illegalität erklärt sich daraus. Die tiefgreifende Irritation durch den Verrat an der Sache steigert den Hang zur Flucht ins Irrationale. Die Solidarität der Enttäuschten droht immer wieder umzuschlagen in die Bereitschaft zum Exzeß, der die Selbstaufgabe einschließt. Vor die Entscheidung gestellt, nichts oder das Äußerste zu tun – denn Alternativen geraten in diesem Stadium meist nicht mehr in den Blick –, entschließt sich eine versprengte Gruppe zu Terror und Gewaltanwendung, koste es, was es wolle.

Die Tatsache, daß Baader, Meinhof und andere Terroristen zu Anfang ganz allgemein mit einem gewissen Verständnis unter den mit dieser Gesellschaft Unzufriedenen rechnen konnten, kennzeichnet unter anderem eine diffus gewordene Auslegung des Begriffes von Toleranz. Eine relativ liberale Ordnung ermöglicht anarchistischen Randgruppen mehr Handlungsspielraum als jeder totale Staat. Um so wichtiger war und ist, daß sich geistige Orientierungspersonen der Studentenbewegung mit zweifelsfreier Entschiedenheit von Baader, Meinhof und allen denkbaren Nachfolgern distanzieren. Denn die Bomben der Terroristen können niemals eine gerechtere Gesellschaft herbeizwingen. Es sind Bomben gegen die Demokratie.

Die Spuren allerdings, welche die Gewaltakte in öffentlichen Bereichen der Bundesrepublik hinterlassen haben, in Schulen und an Universitäten, in der gestoppten Organisation kultureller Gemeinsamkeiten, drohen zum Substanzverlust der Demokratie zu führen. Keineswegs alle, die darauf drängen, daß der Terrorismus energisch bekämpft wird – was die Bundesregierung mit Verantwortlichkeit leistet –, halten auch eine Nebengefahr ebenso deutlich im Blick: daß nämlich die nur zu berechtigte Woge der Empörung gegen militante Extremisten von Kräften, die daran ein Interesse haben, allzu leicht umgemünzt werden kann in eine allgemeine Ablehnung auch differenzierter Kritik am Zustand unserer Gesellschaft überhaupt. Als »Verfassungsfeind« wird dann absurderweise am Ende der öffentlich angegriffen und in der Berufspraxis beeinträchtigt, der darauf aufmerksam macht, daß der Staat, in dem wir leben, noch lange nicht die Demokratie ist, die das Grundgesetz fordert: daß nämlich, um nur ein Beispiel zu nennen, die Sozialbindung des Eigentums nach Artikel 14 und 15 des Grundgesetzes in der Bundesrepublik keineswegs ausreichend erfüllt ist.

Daß ein Staat in der ihm auferlegten Verteidigung der freiheitlichen Grundordnung auch unangemessen und unverhältnismäßig reagieren kann, wollen seine Bürger in der Mehrheit freilich so bald nicht erkennen. Zu rücksichtslos wird der Schrecken, den Irregularität und Terror hervorrufen, von Antireformkräften in Deutschland zur Gegenaufwiegelung benutzt. Deswegen schaden auch alle überzogenen Attacken, wie etwa die von Alfred Andersch in seinem vieldiskutierten Gedicht »Artikel 3 (3)«, in dem er sich dazu versteigt, von neuen Konzentrationslagern in der Bundesrepublik zu sprechen. Besonders glaubwürdig hat sich mehrfach der Friedenspreisträger des Buchhandels 1975, Alfred Grosser, mit dem Phänomen der Überreaktion auseinandergesetzt. Anderschs wortgewordene Wut dagegen ist zwar aus seiner Biographie heraus verständlich. Aber sie ist so maßlos, daß sie sich in die Gefahr begeben hat, das Gegenteil einer Warnung zu bewirken, nämlich die um so massivere Aggressivität der ewig Gestrigen. Zwar gibt es in der Bundesrepublik gegenwärtig eine Art McCarthyismus, aber mitnichten werden neue Konzentrationslager aufgebaut.

Auch das Erscheinungsbild des »häßlichen« Deutschen, das durch westeuropäische Medien geistert und den Verdruß am ökonomischen Musterknaben mit der wiederaufkommenden Erinnerung an den zweiten Weltkrieg und der geschärften Aufmerksamkeit gegenüber Einschränkungen der Meinungsfreiheit zwar berechtigt, doch mitunter allzu undifferenziert verbindet, ist gewiß kein auf Ähnlichkeit mit der tatsächlichen Physiognomie der Bundesrepublik bedachtes Porträt.

Der Vorwurf einer Hetzjagd auf ehemalige Teilnehmer an Aktionen der Außerparlamentarischen Opposition ist allerdings nicht wenigen Staatsorganen besonders in einigen Bundesländern – voran Bayern und Baden-Württemberg – zu machen. Ohne Zweifel hat es dem Ansehen der Bundesrepublik erheblich geschadet, daß eine ganze Generation beschnüffelt wird – noch dazu die erste deutsche Generation, die in einer stabilen Demokratie aufgewachsen ist. Eine halbe Million Überprüfungen hat es in den vier Jahren vom Sommer 1972 bis zum Frühjahr 1976 gegeben – die Einstellung in den Öffentlichen Dienst ist schließlich 428 Bewerbern wegen angeblich mangelnder Verfassungstreue verweigert worden. Einige von ihnen konnten inzwischen dennoch über Verfahren bei den zuständigen Verwaltungsgerichten ihre Übernahme als Beamte und damit die Widerlegung staatlich-bürokratischer Vorwürfe angeblicher Verfassungsfeindlichkeit durchsetzen.

Selbst wenn man, was vernünftig erscheint, nicht willentlich übersieht, daß die Überprüfung in der Regel eine einfache Erkundigung beim Landesamt für Verfassungsschutz mit dem Ergebnis der Unbedenklichkeitserklärung darstellt, bleibt mehreres daran ungeheuerlich.

Daß mit Hunderttausenden von jungen Bundesbürgern überhaupt in den Kategorien des Verfassungsschutzes umgegangen wird, veranlaßt und praktiziert vor allem von meiner, der mittleren Generation, die ihrerseits in der schlimmsten Diktatur deutscher Geschichte groß geworden ist, erscheint vielen und jedenfalls mir für unsere Demokratie unerträglich. Schuld daran tragen alle Parteien – wenn auch in jüngster Zeit, als Folge der Einsicht in schlimmen Mißbrauch des Extremistenerlasses, zumindest unter Sozialdemokraten und Liberalen bis in die Regierungen von Bund und Ländern ein einschneidender Sinneswandel deutlich wird.

Es ist wieder leichter, sich als Sozialdemokrat in der demokratischen Öffentlichkeit Diskussionen zu diesem Thema zu stellen, seit Bundeskanzler Helmut Schmidt und Willy Brandt als Parteivorsitzender, der seinerzeit als Kanzler den sogenannten »Radikalenerlaß« mit den Ministerpräsidenten vereinbarte, sich von dem gespenstischen Treiben einer verselbständigten Bürokratie mit Nachforschungswahn energisch losgesagt haben. Brandt erklärte: »Ich habe mich damals geirrt.« Schmidt sagte, er würde »alle diese Erlasse und Gesetzgebungsversuche am liebsten in die Akten abgeheftet sehen«. So geäußert und begründet in dem Rowohlt-Taschenbuch »Deutschland 1976 – zwei Sozialdemokraten im Gespräch«, das unlängst in Reinbek bei Hamburg erschienen ist. Der konservative Ministerpräsident Albrecht aus Hannover erklärte wiederum dies als »abenteuerlich«. Mehrere seiner Kollegen beteuerten für ihre von der Union geführten Länder, man werde am Radikalenerlaß festhalten.

Günter Nollau, bis Ende August 1975 Präsident des Kölner Bundesamts für Verfassungsschutz, kritisierte die Kommunismus-Hysterie im Mai 1976 in einem ›Spiegel‹-Essay: »Der Abgeordnete Dregger meinte in der Bundestagsdebatte, die Mahnung zur Toleranz, die Professor Grosser in seiner ›Friedenspreisrede‹ gesprochen hatte, zurückweisen zu können – unter Hinweis auf die Teilung des Landes. Die elende Intoleranz ist aber in unserem Lande älter als die Teilung. In ›Mein Kampf‹ schrieb Hitler: ›So wenig eine Hyäne vom Aase läßt, so wenig ein Marxist vom Landesverrat.‹ Im Beamtenrecht kulminierte die Intoleranz in dem Gesetz, das angeblich zur Wiederherstellung des Berufsbeamtentums erlassen wurde. De facto traf das nationalsozialistische Regime damit nicht nur ›Marxisten‹ und ›Nichtarier‹, sondern auch andere politische ›Mißliebige‹. – So nachteilig die deutsche Teilung und ihre Folgen, auch im Sicherheitsbereich, sind, so sehr hindern sie die DKP, bei der Bevölkerung der Bundesrepublik politische Resonanz zu finden. Die Teilung hat dem Volk Gelegenheit verschafft, in der DDR die Praxis eines kommunistischen Regimes kennenzulernen. Deshalb wird es in der Bundesrepublik auf absehbare Zeit keine starke kommunistische Partei geben. Deshalb können wir uns mehr Toleranz leisten, als unsere Gesetze heute gewähren. Mehr Toleranz zu gewähren, würde dem Geist unserer Verfassung entsprechen... auf einen Bundesrat, der einem toleranten Gesetz zustimmen würde, können wir lange warten.«

Schaut man zurück auf die Besessenheit, mit der sogenannten »Radikalen« ohne Unterscheidung der angestrebten Funktion 1974/75 der Zugang zum Staatsdienst verwehrt wurde, ist man versucht, Shakespeare zu zitieren: »Ist dies schon Tollheit, hat es doch Methode.« Ich kenne Fälle, die nach dem Grundgesetz schreien. Dessen Freiheitsrechte aber wurden durch politisch handelnde und somit verantwortliche Richter in letzter Zeit außerordentlich relativiert. – Was mit Wörtern in diesem Zusammenhang politisch alles geschehen kann, beweist fast täglich die öffentliche Szene der bedenkenlosen Polarisierung fast aller Meinungen und Emotionen in der Bundesrepublik.

Da wird eine »Volksfront«-Phobie erzeugt, obwohl doch der Kommunismus in der Bundesrepublik mit 0,3 Prozent Wählern im Jahre 1972 und kaum nennenswert mehr 1976 keine sonderliche Gefahr darstellt. Es gab immer noch doppelt so viele NPD-Wähler, was weniger oft betont wird. Man erinnere sich außerdem an 1932: Damals verfügte die Kommunistische Partei über 16,8 Prozent der Wählerstimmen, die SPD nur noch über 20,4 %. Oft genug zogen Kommunisten im Verein mit Nationalsozialisten gegen die schwindenden demokratischen Kräfte zu Felde, die zuletzt nur noch von den Sozialdemokraten – denen selbst genügend Fehler und Versäumnisse unterlaufen waren – im Reichstag verkörpert wurden.

Merkwürdig bleibt auch, wie die eine Perversion des Sozialismus-Begriffs verdrängt wird, während die andere, die östliche, überall als Fanal erscheint: Will niemand mehr wahrhaben, daß zwölf Jahre lang die überwältigende Mehrzahl der Menschen in Deutschland einem Gespenst des Sozialismus anhing, als noch die Silben *National* davor standen? Mit der Idee eines demokratischen Sozialismus hatte das so wenig zu tun wie die zentralistischen Systeme der Unfreiheit heutiger östlicher Prägung.

Ein Opfer der hochgradig theologisch geführten Auseinandersetzung um einen statischen oder entwicklungsfähigen Demokratiebegriff wird heute ein Teil der jungen Generation in der Bundesrepublik. Nicht wenige, die mit der ganzen Demokratie- und Rechtsgläubigkeit ihrer Jahrgänge das Studium begonnen haben, sehen sich jetzt nach subjektivem Empfinden grundlos und objektiv fragwürdig vom Staatsdienst ausgesperrt. Vor allem wird von einem reaktionären Teil der Ministerialbürokratie, die mit Verordnungen ohne Einschaltung der Gerichte operiert, mit der Fiktion von *Meinungs-Delikten* auf eine Weise umgegangen, die im übrigen Westeuropa ohne Vergleich dasteht. Außerdem nützen die besten Gesetze nichts, wenn sie staatsautoritär und rückwärtsgewandt, also rechts-konservativ interpretiert werden.

Wann wird die öffentliche Meinung in Deutschland aus ihrem historischen Trauma erwachen? Will man wirklich intelligentes Duckmäusertum heranzüchten? Zumindest in einem polyglotten und pluralistischen Europa, auf dessen westliche Union die multinationalen Konzerne der Wirtschaft Zug um Zug hinarbeiten, während die Politik dieser Entwicklung wieder einmal nur zögernd folgt, würde die Bundesrepublik damit isoliert dastehen. Es wird Zeit zum Umkehren. Niemand verzichte ohne Not auf den Gebrauch der Freiheit, die wir Deutschen schwer genug errungen haben. Es gibt, denke ich, kein wichtigeres Thema für deutsche Demokraten, insbesondere aber für die deutsche Literatur und ihre Wissenschaft als die Courage der

Freiheit, die allerdings niemals konfliktfrei, also immer schwierig ist und deswegen bei systematischen Vereinfachern in der Regel unbeliebt bleibt.

Den individuellen Zustand erfahrener Unfreiheit in der Rolle eines jungen Bundesbürgers, der unter dem Verdacht der Verfassungsfeindschaft überprüft wird, hat niemand bisher genauer beschrieben als Peter Schneider in seinem erzählerischen Bericht »....schon bist du ein Verfassungsfeind – das unerwartete Anschwellen der Personalakte des Lehrers Kleff«. Halb fiktiv, halb dokumentarisch wird in diesem kurzen Text der Prozeß einer tiefen Irritation analysiert: jener inneren Verunsicherung, die dadurch entsteht, daß einer, der sich auf absurde Weise beschuldigt sieht, sich mit der Anschuldigung teilweise identifiziert und sich selbst zu verdächtigen beginnt. »Du hörst dort auf zu denken, wo deine Angst anfängt«, muß sich Kleff von seiner Freundin sagen lassen, »und am Ende weißt du nicht mehr, was du aus Feigheit und was du aus Überzeugung denkst.«

Eine deutsche Geschichte fürwahr, geschrieben in einer Phase der Gegenwart von Gespensterformeln eines neuen Mitläufertums, die zuhauf kursieren, als sei eine neue Entnazifizierung mit umgekehrten Vorzeichen unausweichlich. In dieser Lage geht ein Großteil der Literatur den Weg in die *Neue Innerlichkeit*. Diese Literatur beantwortet die veränderte Situation mit einer weithin eingestandenen Ratlosigkeit, die bisher am deutlichsten darin spürbar wird, daß es die großen faszinierenden Treffpunkte und Gemeinsamkeiten der späten sechziger und frühen siebziger Jahre nicht mehr gibt.

Die Erfahrung einer neuen Isolation trifft zusammen mit der überall meßbaren Verschärfung ökonomischer Schwierigkeiten für freiberufliche Künstler und Schriftsteller. In Zeiten, in denen alle öffentlichen Kulturetats und auch die privatwirtschaftlichen Kulturinvestitionen drastisch verringert werden, sieht sich der einzelne Urheber mancher gerade erst erworbenen Rechte und Möglichkeiten wieder beraubt. Er ist zurückgeworfen auf einen Existenzkampf, der die Rivalitäten unter schöpferischen Individuen zu einer zusätzlichen Triebkraft für Vereinzelung und Verinnerlichung macht. Der Markt beeinflußt auch in Literatur und Kunst die Produktion.

Die Situation besitzt ihren eigenen Zynismus. Nicht zuletzt deswegen, weil sie – wenn nicht alles täuscht – einige künstlerische und literarische Früchte trägt. Sollen also jene recht behalten, die sich, in unverrückbar konservativer Fixierung, immer darauf versteifen, es könne der Kunst nichts schaden, wenn sie nach Brot gehe, denn nichts sei nun einmal unfruchtbarer als der Überfluß? Tatsache ist: Verglichen mit den Zeiten der umfunktionierten Buchmesse des Jahres 1968, mit der Ära der *Literaturproduzenten* und der Verkünder der ›Kursbuch‹-Lehre, die »bürgerliche« Literatur sei tot, der wirklich zeitgemäße Autor betreibe nur noch Gesellschaftspolitik, schreiben sie heute längst wieder, und zwar einzelgängerischer, autonomer, vielleicht literarischer als lange zuvor.

Wohin also führt die neue Wende nach innen, die nicht mehr zu leugnender Bestandteil des veränderten literarischen Zustands ist? Wäre sie nur Resignation, vermöchte sie kaum kreativ zu werden. Bedeutet sie aber Konzentration, nämlich wieder Ausschließlichkeit in der Hinwendung auf das eigentlich Künstlerische und Literarische, könnte sie neue Maßstäbe setzen: andere Qualitätsbegriffe, eine neue Substanz.

Es ist zu früh, um über Ergebnisse dieses Wandels zu spekulieren. Geist und Macht, die in einer Phase der schönen Täuschung fast vereinbar wirkten, sehen sich wieder auf das Prinzip der Gewaltenteilung verwiesen. Intellektuelle werden wieder zu Grenzgängern. Nicht zuletzt eröffnet ihnen das eine neue Unabhängigkeit für Forderungen einer radikalen, nämlich grundsätzlichen Moral.

Daß die Ereignisse im geistigen Klima der Zeit, von denen ich gesprochen habe, ihre Entsprechung nicht nur in der Literatur und Wissenschaft, sondern auch in der Lehre finden, bedarf kaum noch einer thematischen Abrundung. Es versteht sich im Grunde von selbst. Aber auch hier, in der Pädagogik, in allen Ausbildungsstätten, an Schulen und Hochschulen ist die Übergangsphase der Irritation das vorherrschende Erlebnis der Beteiligten in der lehrenden wie auch in der lernenden Generation.

Die Erzieher besitzen heute überall mehr theoretische Kenntnisse als ihre Vorgänger in vergleichbaren Ämtern. Sie verfügen über beinahe jede denkbare didaktische Möglichkeit der Situationsanalyse und der psychologischen Anleitung. Aber der konkrete Fall des einzelnen ist meist nicht so gelagert, daß Eltern oder Lehrer ihn gleichsam nach dem Modell des Handbuches bewältigen könnten. Die Praxis erscheint unvorhersehbar, sie erfordert ein improvisierendes Prinzip pädagogischen Handelns.

Den Fehler, die eigene Lebenserfahrung allzu gegenständlich auf die folgende Generation zu übertragen und von daher auf antiquierte Schlüsse zu verfallen, begeht wohl jeder Erzieher von Zeit zu Zeit. Was überall gebraucht wird, will mir scheinen, ist eine neue Voraussetzungslosigkeit.

Erlauben Sie mir deswegen zum Schluß eine Laienanmerkung: Als meine Generation relativ unvorbereitet in die Lage kam, in der einen oder anderen Weise als Erzieher glaubwürdig handeln zu sollen, hielten viele von uns sich selbstkritisch als Vorbilder für ungeeignet. Glaubenssätze standen uns nicht zur Verfügung. Es war auf nichts mehr Verlaß. Um nicht ständig unaufrichtig zu handeln, boten viele von uns das Eingeständnis ihrer Unzulänglichkeit und die grenzenlose Relativierung aller menschlichen Zusammenhänge als Ersatz für etwas so Kompliziertes wie Autorität an.

Was heute wiederum viele von uns Fünfzigjährigen beunruhigt, ist die Beobachtung eines nicht mehr zu übersehenden Unterwerfungsbedürfnisses bei einem Teil der heutigen Schüler, Absolventen von Fachausbildungen und Studenten. Andererseits verfügt diese neue Generation über selbstgeschaffene aggressionsfreie Räume und Kommunikationsfähigkeiten, von denen wir nur lernen können. Nicht ausreichend beratene Erzieher sehen sich überall und in erster Linie mit einer allumfassenden Widersprüchlichkeit in den jugendlichen Köpfen konfrontiert, die ihnen eine lässige Aufmerksamkeit zuteil werden lassen. Ja, es wird wieder zugehört. Man will wieder mehr wissen, gezwungenermaßen, aber auch freiwillig. Bloß vernünftige Lehrformeln aber fassen das Irrationale nicht. Das gilt es einzubeziehen in jeden pädagogischen Vorgang, in dem der einzelne sich als Elternteil, Vorgesetzter oder Lehrer mit der ungeschminkten Person in die Bresche namens Alltag wirft. Was haben wir Lebendigeres anzubieten als unser unausrottbares Verlangen nach demokratischer Intensität?

Im übrigen gibt es keine Kritik an Deutschland, die nicht zuerst in Deutschland ausgesprochen und eingeübt wurde. Was es in der Politik zu begreifen gilt, liegt – denke ich – immer im geistigen Spannungsfeld zwischen Realismus und Idealismus. Ein konkreter Idealismus sollte nicht zu selten über den Niederungen und Höhen unserer Politik stehen, wenn wir uns als Parlamentarier und Beamte, als Wirtschaftler oder Publizisten nicht nur in der Bundesrepublik Deutschland, sondern auch in der im Werden begriffenen Union Westeuropas um die Qualität der Freiheit und der Sicherheit bemühen.

»Ich bin ein Verfassungsfreund!«

Der Fall Charlotte Nieß – ein Akt des Freistaats Bayern

Sie ist eine junge vorurteilsfreie Frau, die das Nachdenken gelernt hat und sich auf das Zögern versteht. Pünktlich stand sie vor der Tür, nachdem sie zuvor telefonisch die Verabredung um eine halbe Stunde verschoben hatte. Als ich öffnete, kam sie die Parterretreppe langsam herauf, als wollte sie im Nähertreten Abstand nehmen. Man mißt einander in solchen Augenblicken, während man schon zu sprechen beginnt.

Sie wirkte klein, trug eine hellbraune Hornbrille und hatte mahagonibraun gefärbtes Haar. Etwas Energisches ging von ihr aus. Ich hatte viel über ihren Fall in den Zeitungen gelesen. Weil ich über sie schreiben wollte, hatte ich ihr nachgespürt. Briefe und Telefonate waren zwischen dem Bundestag und unseren Münchner Adressen hin und her gegangen. Es war schwieriger gewesen, Charlotte Nieß zu finden als einen unzweifelhaften Christen in einer sich christlich nennenden Partei. Endlich war es gelungen. Sie kam aus Nürnberg, ich kam aus Bonn. Wir trafen uns in meiner Münchner Behausung.

Sie ließ es sich gefallen, daß nicht nur die Familie, sondern auch die Setterhündin Lara sie begrüßte, schweifwedelnd, die Pfoten zutraulich aufgestützt auf dem Jeansrock, als der Besuch im Sessel saß und feste Hände die neugierige Schnauze abwehrten. Wußten wir, was wir voneinander wollten? Wir waren Angehörige zweier Generationen und derselben Partei. Das also war Charlotte Nieß, Justizassessorin, neunundzwanzig Jahre alt, als Richterin zunächst so gut wie ernannt, dann plötzlich abgelehnt wegen Zweifels an ihrer Verfassungstreue mit Schreiben des Bayerischen Staatsministeriums der Justiz vom 17. September 1975, Geschäftszeichen III – 335/75, gezeichnet Dr. Seidel, Staatssekretär, Begründung und Rechtsbehelfsbelehrung angefügt. Seitdem schwebt ihr Verfahren gegen das südlichste Bundesland, das sich Freistaat nennt.

In der Küche bei Käse und Bier, Grünzeug vom Wochenmarkt und kurzgefaßten Lebensläufen sprach man sich ein. Sie war eine genaue Zuhörerin. Konzentriert beobachtete sie ihr Gegenüber und die Umgebung mit den hinter den Brillengläsern etwas verschatteten Augen. Wenn sie auf ihre bayerischen Probleme einging, auf die Einstweilige Anordnung, die sie gegen die Staatsregierung beantragt hatte mit dem Ziel der vorläufigen Übernahme in den höheren Justizdienst, wenn sie von Behörden und Akten berichtete, von allen abgebrochenen Windmühlenflügeln der Bürokratie, spürte man schon ein wenig Routine von zahlreichen Interviews, doch sie blieb eine unverwechselbare Person.

Wir gingen noch einmal hinüber ins Wohnzimmer. Unter dem Gewölk aus vielen Zigaretten, zwischen Wein und neuen Bierflaschen (sie blieb beim bayerischen Nationalgetränk), zwischen Fotokopien zahlreicher Dokumente lief das kleine, senkrecht auf den Tisch gestellte Tonbandgerät mit.

»Aufgewachsen bin ich im Ruhrgebiet«, erzählte Charlotte Nieß, »in Gelsenkirchen. Mein Vater war Oberingenieur beim Bergbau, Nichtakademiker, ein fähiger Ingenieur, der sich hart in seinem Beruf durchsetzen mußte und das auch geschafft hat. Ich habe drei Schwestern. Das Elternhaus ist sehr bürgerlich.«

Die Eltern der Mutter waren Großkaufleute gewesen, die des Vaters Gutsbesitzer bei Danzig. Wie so viele in der Kaiserzeit hatten sie ein Vermögen in Kriegsanleihen gezeichnet und fast alles eingebüßt. Charlotte, am 9. April 1947 geboren, war das Nesthäkchen und Nachkriegskind.

»Wir haben in Gelsenkirchen in einem reinen Bergarbeiterviertel gewohnt«, höre ich sie vom Tonband sagen, das drei Wochen später in meiner Allgäuer Wahlkreiswohnung abläuft. Hinter dem Fenster sind die Oberstdorfer Berge noch verschneit. Auf der Bahnstrecke Kempten–Immenstadt verkehren Osterzüge. Der Baukran meiner Wirtsleute steht während der Feiertage still. Hier, wo die Mehrheiten der CSU so felsenfest wachsen, als seien sie gottgegeben, wirkt der Gedanke an einen

Verfassungsbruch durch den Freistaat, der übrigens das Grundgesetz der Bundesrepublik nie unterschrieben hat, exotisch. Die CSU-Regierung will also jetzt auch Sozialdemokraten vom Öffentlichen Dienst fernhalten.

Unbeirrt kommt die Stimme vom Band, manchmal Schweigen, dann meine Fragen. Wo liegen die frühen Ursachen? Woher kommt sie, eine Betroffene des Extremistenerlasses, der Hunderttausende junger Leute gemäß den Kategorien des Verfassungsschutzes überprüfen läßt, als sei eine neue Entnazifizierung mit umgekehrten Vorzeichen ausgebrochen, veranlaßt und praktiziert vor allem von einer Generation, die ihrerseits in der schlimmsten Diktatur deutscher Geschichte aufgewachsen ist.

»Es war eine Wohnung direkt bei der Zeche«, erzählt die Stimme weiter. »In meiner Schulklasse waren die sozialen Spannungen ziemlich früh spürbar. Das sah man schon an der Kleidung. Und dann das Gymnasium. Für mich war es klar, daß ich dorthin ging. Andere Kinder, die mindestens ebenso begabt waren, haben nie daran denken können.«

Sie erinnert sich, wie die sozialen Gegensätze sich auf der höheren Schule verschärften. Die wenigen Arbeiterkinder hatten viel mehr Schwierigkeiten. Die hatten zu Hause kein eigenes Zimmer, konnten ihre Schularbeiten nicht ungestört erledigen, durften nicht mit, wenn die Schule Ausflüge machte oder ins Theater ging. Charlottes Freunde stammten fast alle aus Arbeiterfamilien. »Da habe ich eben mitbekommen, wie es war, wenn der Vater nach Hause kam und das Wirtschaftsgeld abgab. Es reichte hinten und vorne nicht. Die Miete sparte man sich vom Mund ab. Die legte man immer schon einen Monat im voraus in so eine blaue Kanne im Geschirrschrank, damit man's wenigstens sicher hatte. Solche Eindrücke wurde ich so leicht nicht los.«

»Wenn Sie zurückdenken«, fragte ich, »wurde bei Ihnen zu Hause vor Wahlen über Politik gesprochen?«

Die Antwort: »Überhaupt nie. Es gab bei uns eine Art Zwang zur Harmonie. Es wurden keine Konflikte besprochen. Diskussionen fanden nicht statt. Irgendwelche Widerreden gegenüber den Eltern, insbesondere gegenüber dem sehr starken Vater, wurden nicht geduldet. Was der Vater sagte, galt. Wir waren auch ziemlich abgeschlossen in der Familie, hatten also wenig Außenkontakte. Alles ging darum, daß jeder von uns etwas lernen sollte, um im Leben zurechtzukommen.«

Gab es einen frühen Punkt, von dem sie sagen konnte, sie habe zum erstenmal bewußt und selbständig einen politischen Gedanken gedacht?

Die junge Frau mir gegenüber denkt nach. Sie schaut ohne Irritation herüber, aber mit einer Mischung aus Skepsis und Bereitwilligkeit, zögernd zwischen privatem und öffentlichem Argument. Ihr wird übel mitgespielt. Sie ist unter Druck. Eine Juristin, die von Anfang an Richterin werden wollte und offensichtlich besondere Voraussetzungen dafür mitbringt. Gleich zu Anfang hat sie berichtet, wie diskriminierend sich der Ablehnungsbescheid seitens des bayerischen Justizministeriums auf ihre gesamte Existenz auswirkt. Mehr als sechzig Bewerbungen hat sie in den zurückliegenden Wochen geschrieben, um wenigstens als Anwältin in einer Kanzlei unterzukommen. Jedesmal war das Interesse aufgrund ihrer Qualifikation zu Anfang positiv. Aber immer wurde auch gleich die Frage gestellt: »Warum gehen Sie nicht in den Staatsdienst?« Wenn dann die Aussperrung wegen angeblicher Zweifel an der Verfassungstreue und das Gerichtsverfahren zur Sprache kamen, fiel immer die Tür ins Schloß. So jemanden konnte man den Klienten vor Gericht nicht zumuten. Seit acht Monaten war Charlotte Nieß arbeitslos. Noch gab sie nicht auf, schrieb immer neue Eingaben, Bewerbungen über Bewerbungen, trug Beweise für ihre Unschuld, an die sie glaubte. Aber es kamen Tage, an denen herrschte nur Ratlosigkeit.

»Es gibt eine ganze Reihe von Dingen«, sagt sie jetzt. »Zum Beispiel hatten wir eine sehr gute Geschichtslehrerin. Eines Tages fragte sie uns: ›Wißt ihr überhaupt Bescheid, was der 1. Mai ist?‹ Dann hat sie uns erzählt, wie dieser Feiertag entstanden ist und was er für eine Bedeutung hat. Das war wohl in der ersten Klasse auf dem Gymnasium. Damals habe ich spontan gesagt:

›Das finde ich gut. Da gehe ich auch mit.‹ Aber dann wurde ich zu Hause nicht fortgelassen. Ich höre meinen Vater noch sagen: ›Das kommt überhaupt nicht in Frage, da sind Proleten auf der Straße.‹ Ich war ziemlich bockig und habe darauf bestanden: ›Da will ich aber hin, das ist eine gute Sache, da kämpfen Arbeiter für ihre Freiheit.‹ Dann wurde mir eben gesagt: ›Du bist kein Arbeiter, und die Freiheit haben wir sowieso schon.‹ Das war für mich damals ein ziemlich harter Konflikt.«

An das Jahr 1957, als Adenauers CDU/CSU die absolute Mehrheit erhielt, kann sie sich nicht mehr genau erinnern. In der Schule aber hat sie sich früh engagiert als Klassensprecherin und später Schulsprecherin. Sie meint heute, daß sie einigen Grund hat zur Dankbarkeit, weil sie von ihrer Schule sehr gefördert wurde, jedenfalls von der Geschichtslehrerin und der Direktorin.

»War das eine gemischte Schule?« fragte ich.

»Nein, das war eine reine Mädchenschule. Die Direktorin war sehr emanzipiert. ›Mädchen‹, hat sie immer gesagt, ›ihr müßt einen Beruf haben, ihr müßt unabhängig werden von den Männern. Ihr müßt euch selbständig entwickeln. Fangt nur gleich damit an. Und wenn ihr mal was Dummes sagt, das ist gar nicht schlimm. Hauptsache, ihr macht überhaupt den Mund auf und übt euch darin.‹«

»Haben Sie das damals als Ausnahme empfunden?«

»Also, die war ganz klar SPD«, sagte Charlotte Nieß. »Wenn ich zu Hause von ihr erzählt habe, dann hieß es auch immer: Naja, die ist eben Mitglied der SPD. Deswegen ist sie nur in die Stellung gekommen und weil sie schon unter den Nazis als Widerstandskämpferin bekannt war.«

Sonst aber war es eine sehr katholische Schule, in der die Mehrzahl des Lehrerkollegiums politische Gespräche generell ablehnte oder jedenfalls vermied. Deswegen war es für die Mädchen durchaus ein Erfolg, als sie über die Schülermitverwaltung erreichten, daß zum erstenmal Politiker in den Unterricht eingeladen wurden.

Charlotte Nieß lacht auf: »Da besuchte uns damals auch der

Gelsenkirchener Abgeordnete Walter Arendt; der kann sich bestimmt nicht mehr daran erinnern. Er war damals noch ein ganz
kleiner Abgeordneter, und der sollte uns erzählen, was er zu tun
hatte: Bundestagsarbeit und Wahlkreisbetreuung. Das hat er
auch sehr gut gemacht und hat uns dann auch nach Bonn ins
Bundeshaus eingeladen.«

Es dürfte die erste Bundestagsperiode von Walter Arendt ge-
wesen sein. Aus Erfahrung schätze ich, daß er sich doch erinnert.
Charlotte Nieß hat damals jedenfalls mehrere Politiker aus allen
Parlamentsparteien in ihrer Schule kennengelernt. Auf ihre Be-
rufswahl hat der politische Aspekt jedoch höchstens nebenbei
Einfluß gehabt.

»Speziell Richter zu werden«, antwortet sie auf meine Frage,
»kam mir schon sehr früh in den Sinn. Ich wollte mit Menschen
zu tun haben, Menschen helfen, Konflikte bereinigen, möglichst
unmittelbar dazu beitragen, daß das Zusammenleben dieser und
jener friedlicher wird. Ich wollte versuchen auszugleichen. Sicherlich kam das auch daher, daß in unserer Familie manche Gegensätze der Temperamente ziemlich hart aufeinanderstießen.
Ich habe, wie gesagt, einen sehr autoritären Papa. Von uns Kindern wurde er angehimmelt. Er setzte sich ganz streng durch,
aber er war andererseits auch wieder gütig. Also ein richtiger Pa-
triarch. Aber daß zu Hause über Konflikte niemals geredet
wurde, fand ich einfach tödlich. Ich erlebte doch in der Schule
dauernd Auseinandersetzungen und habe sie ebenso an mir selber erfahren, von früh an. Doch immer, wenn ich daheim darüber sprechen wollte, wurde wieder alles unter den Teppich ge-
kehrt.«

»Glauben Sie«, frage ich, »daß Ihr früh ausgeprägtes Konflikt-
bewußtsein vor allem aus der Beobachtung der Umwelt her-
rührte oder auch aus einem in jenen Entwicklungsjahren typi-
schen Zwiespalt im Umgang mit der eigenen Person?«

Charlotte Nieß antwortete jetzt, schien mir, rückhaltlos, als
seien wir schon länger miteinander bekannt. »Beides«, sagte sie,
»ganz sicher beides. Ich war in der Schule in den ersten Jahren
ein ausgeprägter Sündenbock. Ich war klein, mickrig, in der Ent-

wicklung war ich zurück. Lehrer und Schüler haben zu Anfang dermaßen auf mir herumgehackt, daß ich heute noch manchmal Angstträume davon habe. Das war eine ganz schlimme Zeit. Zugleich aber wußte ich immer, daß ich gar nicht so war wie das Bild, das die anderen sich von mir machten. So ging es mir auch mit anderen Dingen schon als Kind, daß ich dachte: das stimmt nicht. In Wirklichkeit ist alles anders. Das war nicht nur so, wenn es um mich ging, sondern auch bei anderen. Ganz allmählich und von mir aus fing ich das an, was man später das *Hinterfragen* nannte. Das hat mit Sechzehn angefangen.«

Wenn man sie heute sieht, argumentieren hört und ihre Korrespondenz mit dem Justizministerium in München liest, dann wird deutlich, was sie aus sich gemacht hat.

Drei Jahre später ging Charlotte Nieß nach Marburg. Sie war als Jurastudentin immatrikuliert. Die Universität bot damals noch das Bild des Burschenschaftsfriedens, der Mai-Frühschoppen und des konventionellen Gehorsams angesichts alter Professorenherrlichkeit. Charlotte war 19, sehr idealistisch, beeindruckt durch die Geschwister Scholl und alles, was man ihr an der Schule über Demokratie, Meinungsfreiheit, Zivilcourage und die Grundrechte beigebracht hatte. Studienberatung gab es damals noch kaum. Sie war allein und beherrscht von dem Gefühl: Jetzt steht dir die Welt offen. Du hast ein gutes Abitur und kannst werden, was du willst. Jetzt kannst du den Dingen auf den Grund gehen.

Es muß schon eine Art Wissenschaftsgläubigkeit gewesen sein, dieser Feuereifer, mit dem sie anfing. Sie belegte Verfassungsgeschichte und Staatsphilosophie. Fragen, die sie beschäftigten: Wie kann Macht sich legitimieren? Wie wird Macht konkret ausgeübt? Welchen Charakter hat das Recht, das Gesetzesrecht und das Richterrecht? Wie konnten die Deutschen den Nationalsozialismus so ungehemmt über sich hereinbrechen lassen und haben ihn sogar noch begrüßt und unterstützt? Ihr bestimmender Wunsch war der nach einer rationalen Konfliktlösung.

Es wurden in Marburg nur zwei Semester, weil dann etwas

Außerordentliches geschah: Am 2. Juni 1967 wurde der Student Benno Ohnesorg in Berlin von einem Polizisten erschossen. »Das weiß ich noch wie heute«, erinnert sie sich. »Wir gingen mit einer ganzen Gruppe Studenten zur Mensa. Auf der Mensabrücke standen ziemlich abgerissen, hippiemäßig, Studenten aus Berlin, die Flugblätter verteilten, auf denen ganz dick gedruckt stand: *Kurras Mörder.* Und ich in meinem rechtsstaatlichen Bewußtsein habe sofort gesagt: ›Wie könnt ihr denn jemand Mörder nennen, der doch noch gar nicht verurteilt ist. Solange er nicht verurteilt ist, muß er als unschuldig gelten.‹ Ich habe also ganz formaljuristisch argumentiert. Dann haben die gesagt: ›Wenn du wüßtest, was da vorgefallen ist. Wenn du das tatsächlich miterlebt hättest, welche Gewalt da ausgeübt wurde, dann würd'ste anders reden.‹ Da ist mein Weltbild einigermaßen ins Wanken geraten. Ich habe gedacht: Um Gottes willen, was ist denn da geschehen? Was haben die denn erlebt? Und da ich auf der Stelle nichts Näheres in Erfahrung bringen konnte, bin ich kurzentschlossen nach Berlin gegangen.«

In Berlin kam Charlotte Nieß mit der APO, der Außerparlamentarischen Opposition, und dem SDS, dem Sozialistischen Deutschen Studentenbund, in Berührung. Bemerkenswert ist die Eigenständigkeit, mit der sie Aufklärung über all jene Vorgänge um Benno Ohnesorg und die unmittelbaren Folgen suchte. Zum SDS hielt sie kritische Distanz.

»Ich war nicht im SDS«, berichtet sie. »Ich besuchte die Vorlesungen und habe zum erstenmal erlebt, wie das war: Hearings, Teach-ins, Diskussionen. Wie Leute kamen und Dinge erklärten und Informationen brachten. Wie man zur Rede gestellt wurde und Rechenschaft über eigene Meinungen ablegen sollte. Ich habe ganz für mich den Fall Ohnesorg noch einmal detektivisch aufgerollt: Wie die Demonstration, die zu seinem Tod führte, verlaufen war. Wie die Polizei vorging. Welche Möglichkeiten er hatte zu entkommen, also auch, sich zu stellen. Dann habe ich mir angehört, was die Senatsvertreter, die Politiker dazu erklärten. Immer wahrscheinlicher kam es auch mir vor, daß die Polizei Benno Ohnesorg tatsächlich ohne Grund erschossen hatte.

Daß es also keine Notwehrsituation war, wie die Zeitungen überall schrieben. Daß er vielmehr überhaupt keine Möglichkeit hatte, nicht die geringste Chance. Diese sogenannte Leberwursttaktik, die von der Polizei damals angewandt wurde: eine Straße abriegeln und dann mit berittener Polizei die Leute in der Mitte zusammentreiben. Da kam keiner durch. Sie konnten in die Hauseingänge gehen, in Kellereingänge. Wer nicht verschwinden konnte, wurde mit einem Wasserwerfer oder mit einem Knüppel traktiert. Der Ohnesorg ist wohl in so einen Durchgang gelaufen. Er hatte wohl niemals vor, die Polizei anzugreifen. Dazu war er viel zu ängstlich. Der Schuß von diesem Polizeimeister Kurras, der später angab, er habe sich angegriffen gefühlt – war er nur auf einen Irrtum zurückzuführen? Alle, die dabei waren und Ohnesorg gekannt hatten, sagten aus, er sei absolut gewaltlos und übrigens auch völlig unpolitisch gewesen. Also war das Ganze ein Fehlgriff oder ein Mißgeschick.«

Noch im Nacherzählen des Ereignisses, das rund ein Jahrzehnt zurückliegt, spürt man, wie sehr Charlotte Nieß dadurch betroffen wurde. Für sie war es ein Schlüsselerlebnis. Bis dahin hatte sie sich nicht vorstellen können, daß auch die Polizei rechtswidrig handeln kann. Daß bewaffnete Staatsdiener Leute zusammentrieben und in der Enge zusammenpferchten, bis sie nicht mehr aus noch ein wußten. Sie erlebte, wie sich damals in Berlin die Spannung zwischen den kämpfenden Gruppen, Demonstranten und Polizisten, wechselseitig auflud, bis die allgemeine Gereiztheit explosiv wurde.

»Wie haben Sie reagiert«, frage ich, »als einzelne Wortführer der APO Gegengewalt propagierten? Hat der angebliche Unterschied zwischen ›Gewalt gegen Sachen‹ und ›Gewalt gegen Personen‹ Sie jemals überzeugt?«

»Ich habe an Demonstrationen teilgenommen«, berichtet sie mit der Konzentration eines Menschen, dem es wichtig ist zu differenzieren. »Weil ich überzeugt war, innerlich überzeugt, daß es darum ging, eine gute Sache publik zu machen. Daß man der Bevölkerung etwas vor Augen führen mußte, über das die Medien ohne solche Demonstrationen eben nicht berichteten. In erster Linie ging es um das Herstellen von Öffentlichkeit. Die ersten Demonstrationen damals verliefen ja auch gewaltlos, das heißt die einzige Gewalt, die ich erfuhr, kam von Seiten der Staatlichkeit, der Polizei.«

Wie hatte diese Jurastudentin auf einzelne Wortführer der Studentenbewegung, etwa auf Rudi Dutschke reagiert?

»Dutschke habe ich als Redner auf Versammlungen erlebt«, antwortet sie. »Allerdings habe ich mich nie mit ihm identifizieren können, sondern da ist es mir eher kalt über den Rücken gelaufen, wie sehr er durch sein Auftreten, durch seine Art zu reden die Leute in seinen Bann ziehen konnte, so daß eine kritische Auseinandersetzung mit ihm an Ort und Stelle überhaupt nicht möglich war. Da war denn wirklich die Masse der Studenten nur noch emotionalisiert. Das hat mir Angst gemacht. Ich habe mit einem sehr zwiespältigen Empfinden dabeigesessen. Ich war innerlich immer auf dem Sprung, wenn Emotionen so hoch gingen.«

»Dutschke war Ihnen also zu demagogisch?«

»Ja, er war wahnsinnig demagogisch. Der hatte so eine Art, einen zu packen mit seiner tragenden Stimme, also da war es mäuschenstill im Saal, obwohl vorher und nachher immer große Diskussionen stattfanden. Dutschke konnte die Leute mitreißen wie kein anderer. Nein, das entsprach gewiß nicht dem, was ich wollte.«

»Und was war es, das Sie wollten?«

»Auch in mir war ein ganz starker Wille nach Veränderung der Gesellschaft, aber durch Reformen, niemals durch Aufpeitschen der Menge und Revolution. Der anarchistische Weg erschien mir nie als eine Lösung.«

Mir fiel auf, daß sie offensichtlich alles Lautstarke, verbal Gewalttätige heftig ablehnte. Darauf angesprochen, sprach sie wieder von Wachsamkeit in Bezug auf falsche Töne und Demagogie.

Sie erklärt das so: »Aus meinem Elternhaus habe ich eine eher übertriebene Sensibilität für lautes Sprechen mitbekommen, für das Unterdrücken von rationaler Diskussion. Es war zunächst eine instinktive Ablehnung pauschalierender Vorurteile. Ich fragte mich unwillkürlich: Wo führt das hin? Welche Gründe hat das? Was soll das eigentlich? Vor allen Dingen: stimmt das überhaupt so, wie es vorgebracht wurde? Es war ein wachsendes Verlangen, ständig rückzufragen, sich zu vergewissern: ist das denn tatsächlich so? Kann man das so begründen? Oder ist das wieder nur so eine Verführung?«

Vier Semester blieb Charlotte Nieß in Berlin. Sie war fasziniert von Richard Löwenthal. Seine Vorlesungen am Otto-Suhr-Institut waren überfüllt. Wie ein Großteil ihrer Generation beschäftigte sie sich eingehend mit der Geschichte der Revolutionen in der Sowjetunion, in China und anderen Ländern.

»Wann wurden Sie«, frage ich, »unter dem Eindruck Ihrer Erlebnisse so politisch, daß Sie sagten: Ich trete einer Partei bei? Und welche Parteien kamen für Sie überhaupt in Betracht?«

Die Antwort nehme ich ungekürzt vom Band: »Parallel zu der Teilnahme an der Studentenbewegung führte ich natürlich dauernd Gespräche mit meinen Kommilitonen und sonstigen Bekannten. Wir fragten uns alle, was man tun solle, um die als richtig erkannten Ziele zu erreichen oder – anders ausgedrückt – um das, was man als Mißstände erkannt hat, zu verändern. Man sah überall soziale Mißstände, allenthalben Konflikte, die keineswegs sein mußten oder jedenfalls nicht so, wie sie waren. Man sah in der Rechtswissenschaft kaum einen Kontakt zur Praxis. Ich habe mich zum Beispiel früh auch für Arbeitsrecht interessiert. Aber wer sprach an der Universität davon, daß zum Beispiel sehr viele Arbeitnehmer ihre Rechte gar nicht wahrnehmen, nicht durchsetzen konnten. Woran lag das? Diese soziale Frage: Wie können die Leute ihre eigene Position oder ihr Schicksal verändern? Wie können sie aus dem herauskommen, was sie jetzt so festhält und beschränkt? Das hat uns alle sehr beschäftigt. Da gingen die Meinungen, wie man weiß, damals auch sehr auseinander. Die einen waren für eine entscheidende Selbstbefreiung, für eine Art persönlicher Anarchie. Man muß, meinten sie, alles ausprobieren können, also sich selbst bis an die Grenze des Erträglichen erfahren. Die anderen waren für eine politische Organisation in Studentenverbänden, aber auch in Parteien. Damals

kam dann das Gespräch auf: Bist du Kommunist? Ich habe mich
sehr ausführlich theoretisch mit politischer Ökonomie beschäftigt im Laufe meiner politischen Studien da am Otto-Suhr-Institut, und habe natürlich auch meinen Marx gelesen und die Se-
kundärliteratur dazu. Das hat mich auch ziemlich beeindruckt
und sicher auch beeinflußt. Aber für mich war eben klar, daß wir
oder zum Beispiel ich Reformen wollten und keine Revolution.
Auch keine Anarchie. Der reformerische Weg erschien mir immer deutlicher als der einzig unter humanitären Bedingungen
mögliche. Von da an habe ich versucht, Verständnis für rationale
Lösungen auch bei anderen zu wecken. Der SPD-Beitritt ver-
stand sich dann eines Tages von selbst.«

Der Hund ist längst unter dem Tisch eingeschlafen. Die Fami-
lie hat sich zurückgezogen. Der Aschenbecher wird zur Nacht-
uhr. Irgendwann gibt es noch einen sehr späten Zug zurück nach
Nürnberg, zu dem ich Charlotte Nieß bringen kann. Im Augenblick aber ist uns beiden nicht nach vorzeitiger Beendigung des
Gesprächs zumute, im Gegenteil. Wir haben weit ausgeholt im
Vorlauf zu ihrem Münchner Prozeß. Es ist ohnehin der einzige
Abend für längere Zeit. Wir haben uns eingelassen auf die Herausforderung der Präsenz. Einander treffen und sprechen. Ohne
Sicherung. Als Politiker – wenn schon nicht als Autor – bin ich
zwangsläufig daran gewöhnt. Aber sie? Ich kann keine Müdig-
keit an ihr bemerken. Der Blick bleibt etwas isoliert hinter den
Brillengläsern. Aber sie ist lebhafter geworden. Es ist ihr Fall,
vorgetragen endlich einmal nicht vor einem Tribunal.

»Um so erstaunlicher«, höre ich mich sagen, »sind angesichts
dieser ausgeprägten Veranlagung zur Rationalität die Vorwürfe,
die Ihnen das Justizministerium der Staatsregierung macht. Es
fällt schwer zu glauben, daß da nicht Parteilichkeit entschieden
hat. Welche Anschuldigungen erhebt man konkret gegen Sie?«

»Konkret?« Bei meinem Gegenüber deutet sich ein erster lei-
ser Zornausbruch an. »Die Vorwürfe sind genau so irrational wie
das, was mir früher begegnet ist. Es ist zum Beispiel der ver-
steckte Vorwurf, ich sei Kommunistenfreund – nur weil ich dem
Vorstand der Vereinigung demokratischer Juristen, der VdJ, an-

gehöre, und zwar begründet damit, daß dort überhaupt auch Kommunisten mitarbeiten dürfen, daß 6 von 23 Vorstandsmitgliedern in der DKP sind, daß eine angeblich linksextremistische Diktion in der Satzung feststellbar sei und daß man sich einseitig für Kampagnen wie Solidarität mit Chile, gegen Berufsverbote und für eine Reform des Ausländergesetzes einsetzt.«

»Begehen Sie nicht einen Fehler«, wende ich ein, »indem Sie den Begriff ›Berufsverbot‹ übernehmen, der von Leuten zur Agitation benutzt wird, die ganz andere Vorstellungen damit verbinden?«

»Das habe ich längere Zeit auch gemeint«, sagt sie. »Aber was ich erlebe, *ist* nichts anderes als ein Berufsverbot. Wenn man sich jahrelang vorbereitet und alle Stationen und Examen einschließlich der Referendarzeit positiv durchlaufen hat und dann plötzlich den Stuhl vor die Tür gesetzt bekommt«. Sie reicht mir ein Schreiben des Bayerischen Staatsministeriums der Justiz hinüber, datiert vom 12. Mai 1975.

Übernahme in den höheren Justizdienst
Zu Ihrem Gesuch vom 21. April 1975

Sehr geehrte Frau Nieß!
Zur Vorstellung und zur Aushändigung der
Ernennungsurkunde bitte ich Sie, sich am
      Freitag, den 16. Mai 1975, um 9.15 Uhr
im Bayer. Staatsministerium der Justiz, München,
Justizpalast, Zimmer 312/III, einzufinden.

Mit vorzüglicher Hochachtung
i. A. gez. Schaffer
    Ministerialrat

Zwei Tage später wurde diese nur als Zusage zu verstehende Nachricht vom selben Unterzeichner widerrufen, und zwar mit dem Wortlaut: »Ich muß Ihnen leider mitteilen, daß die für Sie für den 16. Mai 1975 vorgesehene Vorstellung aus dienstlichen Gründen entfallen muß. Sie erhalten in Bälde weiteren Bescheid.« Was darauf folgte, ist ein babylonisches Wirrsal von Korrespondenz und bürokratischer Ausforschung.

Was war geschehen? Offensichtlich hatte die zur Routine gewordene Rückfrage beim Verfassungsschutz, ob gegen die Bewerberin etwas vorliege, den Behördengang blockiert. Charlotte Nieß war zum Objekt eines hochnotpeinlichen Verhörs in bezug auf ihr Demokratieverständnis geworden. Die Auswirkungen konnten für sie vernichtend sein, wenn niemand ihr beistand und wenn überdies nicht rasch genug Hilfe durch Rechtsmittel und politische Initiativen kam.

»Was Sie bisher als Begründung seitens der Staatsregierung erwähnten«, sage ich, »ist ja wohl nicht einmal durch den Extremistenerlaß der Ministerpräsidenten gedeckt, von dem sich die SPD-regierten Bundesländer endlich abkoppeln wollen.«

»Ja, das meine ich als Jurist auch. Aber das Justizministerium hier in München sieht das eben anders. Dessen einzige Begründung läuft darauf hinaus: Frau Nieß hat sich nicht genügend von linksextremistischen verfassungsfeindlichen Gruppierungen distanziert, wobei man die Vereinigung demokratischer Juristen auch als eine verfassungsfeindliche Organisation einschätzt.«

»Die Strategie, eine Vereinigung, in der auch nur einige Kommunisten tätig sind, insgesamt als verfassungsfeindlich zu erklären, ist sicherlich durch kein bestehendes Recht gedeckt«, habe ich laut Tonband an dieser Stelle erwidert. »Ganz abgesehen von dem Aberwitz, den das im Rahmen der Kategorien der CSU bedeutet. Ist etwa ihr Bundestagsabgeordneter Hans-August Lükker ein Verfassungsfeind, weil er im Europäischen Parlament neben kommunistischen Abgeordneten sitzt? Ist etwa die italienische Schwesterpartei der CSU als nicht demokratisch anzusprechen, weil sie in regionalen Parlamenten seit langem mit der Kommunistischen Partei koaliert? Wie stellt sich die Union vor, daß die Westeuropäische Union ohne die einflußreiche Mitwirkung von Moskau unabhängiger Kommunisten aus Frankreich und Italien vorankommen soll?«

Politische Vernunft und Tatsachen bedeuten vielen offenbar wenig, sobald sie nur mit einem Schwall von Wörtern und Phrasen verdeckt werden können. Die bedenkliche Polarisierung von Meinungen und Emotionen in unserem Land zeigt es deutlich, und die Christ-Sozialen sind darin Meister. Da wird eine »Volksfront«-Hysterie erzeugt, obwohl doch nachweisbar Kommunisten in der Bundesrepublik schon ihrer verschwindend geringen Zahl wegen keine sonderliche Gefahr darstellen.

Die christsoziale Mehrheit, die sich in Bayern der zur Verfassungsänderung erforderlichen Zweidrittelmehrheit angenähert hat, wird von all dem nicht angefochten. Sie schürt einen bundesrepublikanischen McCarthyismus, läßt ungeniert im »Bayernkurier« verbreiten, wenn die Sozialdemokraten weiterhin in Bonn regierten, stünden »die letzten freien Wahlen« bevor, und denunziert kritische Publizisten, die Strauß im Zusammenhang mit Skandalen wie der Lockheed-Affäre auf den Zahn fühlen, als »Gangsterjournalisten«.

Charlotte Nieß hat sich gegen derlei eindimensionale Unterstellungen, mit denen sie amtlich überhäuft wurde, in einem ausführlichen Erwiderungsschreiben an das Bayerische Staatsministerium der Justiz vom 13. August 1975 auf ihre Art gewehrt: »Ich wende mich dagegen, daß die Grenze zwischen kriminellen Anarchisten und Gewalttätern und Menschen, die lediglich politische Kritik üben und gesellschaftliche Konflikte beim Namen nennen, verwischt werden und damit integere, couragierte Menschen in die Grauzone der Verfassungsfeindlichkeit geraten und diskriminiert werden können. Ich fühle mich in meiner Auffassung unterstützt durch die inhaltlich gleichlautenden Äußerungen des Altbundespräsidenten Heinemann und der Verfassungsrichterin Frau Rupp von Brüneck auf dem rechtspolitischen Kongreß der SPD im Juni 1975 in Düsseldorf.«

Zur Arbeit im Vorstand der Vereinigung demokratischer Juristen hat sie in demselben Brief geschrieben: »Gerade als Sozialdemokratin konnte ich keine parteipolitische Einflußnahme von seiten etwaiger DKP-Mitglieder feststellen; von einer Steuerung kann erst recht keine Rede sein. Ich hege keinen Zweifel daran,

daß auch die mir näher bekannten SPD-Mitglieder im Bundesvorstand, wie etwa die Professoren Stuby, Däubler, Römer, Az-
zola und der Vorsitzende Richter am Oberlandesgericht Frankfurt, Dr. Heinz Düx, in der Lage sind, jeden Versuch, den
Bundesvorstand für parteipolitische Zwecke zu mißbrauchen,
zu erkennen und dies zu verhindern.«

All ihre Bemühungen konnten jedoch nichts dagegen ausrichten, daß im Ablehnungsbescheid des Bayerischen Staatsministeriums der Justiz vom 17. September 1975 in einem Kernpunkt
so argumentiert wird:

> Die §§ 2 und 4 der Satzung der VDJ enthalten u. a. folgende
> Sätze:

> ### § 2
> … Die Vereinigung unterstützt in der BRD alle Bestrebungen
> gegen die autoritäre Formierung und Manipulation durch
> fortschreitende wirtschaftliche und politische Machtkonzen-
> tration für die Herstellung und Verteidigung der demokrati-
> schen Rechte und Freiheiten der Arbeiterklasse und aller
> Werktätigen…

> ### § 4
> … Insbesondere äußert sie sich zu autoritären Interpretatio-
> nen und Änderungen des Grundgesetzes, sie wendet sich ge-
> gen eine Infrastrukturgesetzgebung, die anstrebt, die gegen-
> wärtigen Herrschaftsverhältnisse zu stabilisieren, sie setzt sich
> auseinander mit aktuellen Rechtsreformen und reaktionären
> Erscheinungen auf den verschiedenen Rechtsgebieten vor al-
> lem in Justiz und Verwaltung…

> Der Wortlaut der Satzung enthält zwar Ziele und Gedanken,
> die mit unserer verfassungsmäßigen Ordnung in Einklang ste-
> hen. Die Fassung insbesondere der zitierten Sätze zeigt jedoch
> die oben erwähnte Beeinflussung durch Linksextremisten, de-
> ren propagandistische Diktion übernommen wird. Daraus
> muß geschlossen werden, daß die verwendeten Begriffe nicht
> in einem den Wertvorstellungen des Grundgesetzes entspre-
> chenden Sinn gebraucht werden.

Der dies schreibt, will zunächst klarstellen, daß ihm auch nicht alle Formulierungen dieser Statuten zusagen. Was ihn stört, sind einige Sprachklischees und Begriffe, die man wohl um so unbefangener wieder verwenden kann, je jünger man ist. Der politische Schluß aber, der juristisch aus den zitierten Sätzen gezogen wird, erscheint in seiner dogmatischen Intoleranz abenteuerlich.

»Verfolgen wir«, bitte ich Charlotte Nieß, »die Kausalkette, soweit es überhaupt eine gibt, noch einmal zurück von Ihren Erfahrungen seit Ohnesorg bis zum Fall Nieß. Was wären denn, wenn man der Gegenseite einmal die Fähigkeit der Wahrnehmung von Kausalzusammenhängen unterstellt, die Stationen, an denen etwas gegen Sie aufzuhängen wäre, falls es nicht lauter herbeigezogene Dinge sind?«

»Es sind nur«, meint sie, »herbeigezogene Dinge. Es ist mir nur immer wieder meine Aktivität in der Vereinigung demokratischer Juristen vorgeworfen worden. Dabei sind nirgends etwa Äußerungen oder Verhaltensweisen von mir als angeblich verfassungsfeindlich angeführt worden, vielmehr ausschließlich Äußerungen dritter Personen, für die ich nicht gerade zu stehen habe.«

»Was lag denn«, frage ich, »zwischen Berlin und München in Ihrem weiteren Studiengang?«

»Ich habe nach sieben Semestern Jura mein Erstes Staatsexamen in Frankfurt gemacht und habe dann meine Referendarzeit in München angefangen. Parallel dazu habe ich ein Soziologiestudium aufgenommen, das inzwischen neun Semester dauert. Das habe ich noch nicht abgeschlossen. Die Zwischenprüfungen sind zwar erledigt, aber noch nicht die endgültige. In der Referendarzeit habe ich mich gewerkschaftlich organisiert. Wir waren die erste Referendargruppe in Bayern, die in der ÖTV gearbeitet und ein Reformprogramm für die Juristenausbildung entwickelt hat.«

»Wo haben Sie Ihre Referendarstellungen absolviert?«

»Das war unter der Aufsicht des Oberlandesgerichtspräsidenten in München«, antwortet sie. »Die Stationen waren: Amtsgericht Rosenheim, Landgericht Traunstein, Regierung von

Niederbayern, Landratsamt Regen, Verwaltungsgericht Regensburg, Arbeitsgericht Regensburg und dann Arbeit beim Syndikus der Technischen Universität München und Anwaltsstation.«

»Hatten Sie irgendwo zwischendurch das Gefühl, daß über Sie Berichte unter politischem Aspekt geschrieben wurden?«

»Nein, keineswegs«, erwidert sie. »Ich war da, glaube ich, überall recht anerkannt. Ich hatte zum Beispiel Referate gehalten über Kriminologie und über Arbeitsrecht. Fachjuristisch wurde das durchaus akzeptiert. Dafür habe ich auch gute Noten bekommen. Meine Ausbilder waren in der Regel sehr aufgeschlossene Leute. Mit denen habe ich auch politisch diskutiert. Da gab es nie irgendwelche Schwierigkeiten.«

»Darf ich Sie noch einmal fragen: Als nun ab Mai 1975 ins Rollen kam, was man inzwischen Ihren Fall nennt, was war Ihre erste und hauptsächliche Reaktion? Sie wurden ja, wenn ich es recht verstehe, durch die Situation vollständig überrascht.«

Ich sehe sie wieder vor mir sitzen, während ich auch die Antwort auf diese Frage vom Tonband abrufe, sehe das nun doch kleiner, müder gewordene Gesicht und den etwas zu großen Krug, aus dem sie langsam und in kleinen Schlucken, aber geübt, ihr Bier trinkt. Es wird Zeit, der Zudringlichkeit ein Ende zu setzen. Aber noch ist es nicht der letzte Punkt.

»Ich habe schon einen Schock bekommen«, sagt sie. »Aber erst nach und nach, als mir meine Lage immer deutlicher wurde und sich eine immer konsequentere Isolation daraus ergab. Zu dem Schock gehörte die Erfahrung, daß man in dieser ganzen Prozedur überhaupt keine Kommunikationsgegner hat. Ich war ja zur mündlichen Anhörung geladen worden. Die fand im Münchner Justizministerium in der Form statt, daß man mir eröffnete, welche Erkenntnisse von der Verfassungsschutzbehörde inzwischen eingegangen seien. Das war eben jene Mitteilung, daß die VDJ als kommunistische Hilfsorganisation eingeschätzt wird. Dazu habe ich auch Stellung genommen. Ich habe gesagt: Diese sechs Kommunisten im Bundesvorstand, die haben mich nie in irgendeiner Form zu irgend etwas manipuliert. Haben nie versucht, mich zu überreden. Sie haben mich auch niemals parteipolitisch beeinflußt. Das war immer eine offene Auseinandersetzung über verschiedene Probleme. Da hat jeder seine Meinung gesagt. Aber es war eben nicht kommunistisch, was wir da gesagt und getan haben.«

»Und wie hat man darauf reagiert?«

»Man hat mich zwar ausreden lassen«, antwortete sie. »Aber man hat dazu überhaupt nicht Stellung genommen. Es ist noch nicht einmal ein Protokoll geführt worden. Es gab nachher nur eine Aktennotiz. Es wurde auch später vor dem Verwaltungsgericht bei der ersten mündlichen Verhandlung von seiten der Behörde erklärt, es sei einzig und allein die Funktion dieser Anhörung, daß man mir Gelegenheit geben wollte, Stellung zu nehmen und mich zu distanzieren. Also das habe ich ganz konkret gespürt, wie man von mir erwartete, daß ich jetzt irgendwie einen Dreh finden werde, um mich von dieser Vereinigung demokratischer Juristen abzusetzen. Aber das habe ich eben nicht getan, weil ich die Vorwürfe als absolut ungerechtfertigt ansah. Ich habe auch ganz deutlich gesagt: Bitte, wenn Sie mir nachweisen, daß es da Aktivitäten oder Veröffentlichungen oder irgend etwas gibt, was wirklich gegen die Verfassungsprinzipien verstößt, dann rücke ich natürlich davon ab. Das ist ja völlig klar. Ich bin ein Verfassungsfreund. Ich trete für die Verfassung ein. Sagen Sie mir doch, welche Ziele der Vereinigung sollen denn verfassungsfeindlich sein? Und da hat man gesagt, man hätte zu den Problemen keine eigene Meinung. Es seien lediglich Erkenntnisse des Bundesverfassungsschutzes, die man mir mitteile, und man wolle auch nicht mit mir diskutieren. Ich habe wirklich versucht, meine Haltung verständlich zu machen. Ich bin ja mit dem Ziel und Sinn dahin gegangen, in der Angelegenheit etwas zu klären, Zweifel und Mißverständnisse auszuräumen. Aber ich redete wie gegen eine Wand.«

»Fühlen Sie sich«, frage ich, »im bisherigen Verlauf des Verfahrens von der SPD enttäuscht oder gestützt?«

Sie schaut überrascht herüber. »Das ist etwas zwiespältig«, sagt sie. »Die Partei hat mir zwar bis in die höchsten Gremien,

Bundestagsfraktion, Landesvorstand, Bezirksvorstand, auch Landtagsfraktion ihre Solidarität erklärt und ist öffentlich, auch durch praktische Hilfe zum Beispiel in der rechtlichen Auseinandersetzung, für mich eingetreten. In der politischen Auseinandersetzung mit dem Gegner hätte aber, meine ich, mehr geschehen können. Nicht so sehr um meinetwillen, vielmehr wegen der vergleichbaren Fälle, in denen ebenfalls Sozialdemokraten betroffen sind.«

»Wenn die CSU aufs Ganze geht, meinen Sie, darf die SPD nicht schweigen. Das tut sie ja auch nicht. Allerdings kommt unsere Partei von den Baustellen des Jahrhunderts her. Manchmal rieselt den Genossen noch der Mörtel aus den Taschen. Ich wünsche mir auch mehr Souveränität in der Auseinandersetzung mit dem politischen Gegner. Mehr selbstverständliches Besitzergreifen der Freiräume, die wir und nicht die Konservativen geschaffen haben. Es wäre gut, wenn die bayerische SPD der bayerischen CSU mit aller Gelassenheit sagte: Von Freiheit verstehen wir mehr.«

Jetzt könnte ein anderes Gespräch beginnen. Aber zunächst ist dieses hier zum Abschluß zu bringen. Deswegen frage ich noch: »Was sollte denn im Augenblick konkret mehr geschehen?«

»Das ist deswegen so schwer zu sagen, weil es auch eine juristische Frage ist. Man sagt immer: ein schwebendes Verfahren, da können wir nicht eingreifen. Das ist auch richtig, so weit es sich um das Gerichtsverfahren handelt. Aber was man auch braucht, ist eine Art psychischer Unterstützung.«

»Da bleibt noch ein Punkt«, sage ich. »Nämlich: Wie relativ das ist. Ihr spezifisch bayerisches Schicksal unter der CSU. Sie kommen da aus dem Kohlenpott nach München. Vielleicht sind Sie aus irgendeiner Neigung und auch ein bißchen zufällig hierher geraten und sind dann hier hängengeblieben, weil es Ihnen gefiel. Und das Ganze hätte also nicht stattgefunden, wenn Sie nicht in diesem Bundesland als Sozialdemokratin Antrag auf Übernahme in den höheren Justizdienst gestellt hätten. Davon kann man doch wohl ausgehen.«

Denn es gibt in Bayern gegenwärtig einige Erscheinungen, die an die Weimarer Republik erinnern. Damals, Mitte der zwanziger Jahre, koppelte sich die Vorgängerin der heutigen CSU, die Bayerische Volkspartei, auch immer wieder durch rechtskonservatives und reaktionäres Verhalten von der Schwesterpartei in anderen Bundesländern, dem Zentrum, ab und verweigerte zum Beispiel dem Zentrumskandidaten Marx die Stimmen zur Reichspräsidentenwahl 1925, so daß Hindenburg als Nachfolger Eberts gewählt wurde: ein Schritt auf dem Weg in die Diktatur.

»Ich sehe das so«, sagte Charlotte Nieß. »Die CSU ist eigentlich eine preußische Partei in Bayern. Innerhalb des Freistaats verhält sie sich so zentralistisch, wie sie das in der Bundespolitik grundsätzlich ablehnt. Bayern ist eigentlich ein grundliberales Land, aber die CSU ist eine Partei des Gehorsams, die immer wieder die Wahrnehmung von Grundrechten diskriminiert. In der bayerischen Verfassung gibt es nicht zuletzt dank dem Sozialdemokraten Wilhelm Hoegner viele großartige, soziale und demokratische Forderungen und auch ein plebiszitäres Element, das im Grundgesetz der Bundesrepublik keine Entsprechung hat. Aber durch die CSU wird diese Verfassung in weiten Bereichen nicht erfüllt. Da können Sie anfangen, wo Sie wollen, ob beim Artikel 141 oder 161. Das ist die Realität.«

Das festzustellen, denke ich, bleibt denen vorbehalten, die ein anderes Bayern wollen. Ich frage mich, wann es mehrheitsfähig wird?

Postscriptum: Bei Drucklegung dieses Manuskripts hatte der Fall Charlotte Nieß folgenden letzten Stand. Das Verwaltungsgericht München hat zwar aus formalen Gründen den Antrag der Assessorin Nieß auf Erlaß einer Einstweiligen Anordnung gegen den Freistaat Bayern abgelehnt, sich jedoch gleichzeitig in der Entscheidung kritisch zu der in diesem Fall deutlich gewordenen Einstellungspraxis in den Staatsdienst geäußert. Frau Nieß habe glaubhaft gemacht, so wurde festgestellt, »daß die Ablehnung der Ernennung zur Richterin rechtswidrig und sie dadurch in ihren Rechten verletzt ist«. Das Ministerium habe nicht nur bei der

Ablehnung von Frau Nieß den »verfassungsrechtlichen Rahmen verkannt«, sondern auch nicht darlegen können, daß die Behauptung von der angeblich verfassungsfeindlichen Zielsetzung der VDJ gerechtfertigt sei.

Am 22. Oktober 1976 entschied das Verwaltungsgericht München gegen den Freistaat Bayern und verfügte durch Urteilsspruch, daß Charlotte Nieß Anspruch auf Übernahme als Richterin in den Staatsdienst in Bayern besitzt. Die Staatsregierung ging in die Berufung. Der Prozeß bleibt offen. Charlotte Nieß wäre ruiniert, wenn ihr nicht inzwischen die Regierung in Nordrhein-Westfalen über das Landwirtschaftsministerium eine Beamtenstelle auf Probe in Münster im Landesamt für Agrarordnung angeboten hätte. Die Justizassessorin nahm an; am 4. Oktober, drei Wochen vor dem Münchner Urteil, begann ihr Dienst – bis auf weiteres.

Gewissen im Notstand

Abgeordnete an den Grenzen parlamentarischer
Verantwortung

Die geistigen Grundlagen parlamentarischer Entscheidungen
erreichen neue Dimensionen. Niemals sind Abgeordnete in
Bund und Ländern derart drastisch an die Grenzen ihrer Urteilsfähigkeit gestoßen wie gegenwärtig. Explosiv wachsen Probleme, die zu bewältigen weder Einsicht noch ausreichende
Mehrheiten vorhanden sind. Energieversorgung und Umwelt-
verseuchung stellen die Parlamentarier vor Aufgaben, bei denen
schwerlich zu sagen ist, daß einer wüßte, was das zweifelsfrei
Richtige sei. Nicht weniger vielschichtig sind die Konflikte, die
aus der Notwendigkeit hervorgehen, den Sozialstaat neu zu ord-
nen, demokratische Grundrechte und Meinungsfreiheit zu sichern, über den Militärhaushalt abzustimmen und den Gegensatz zwischen Süd und Nord mit der sozialen Notlage der
Mehrheit auf der Welt auch mit dem Gewicht einer innenpolitischen Priorität in der Bundesrepublik zu versehen.

Zwar hat es, solange der Parlamentarismus besteht, immer
auch Zerreißproben aufgrund des Zwanges zu gesetzgeberischen
Entscheidungen gegeben. Aber in technischer, wissenschaftli-
cher und wirtschaftlicher Hinsicht waren deren Auswirkungen
– außer in Kriegszeiten und bei Wirtschaftskatastrophen – in der
Regel bei weitem überschaubarer als heute. Es ist eine Binsen-
wahrheit, daß es nicht nur schwieriger geworden ist zu regieren,
sondern daß auch die parlamentarische Kontrolle der Exekutive
und eine zukunftorientierte Gesetzgebung ständig komplizierter
werden. In einigen Bereichen ist der Problemdruck so sehr gestiegen, daß die aufgestaute politische Entscheidungsmisere sich
irrational zu entladen droht. Das aber wäre das Gegenteil dessen,
was man im Sinn öffentlicher Verantwortung wollen kann.

Für die parlamentarisch ebenso oft beschworenen wie mißachteten Bürger der Bundesrepublik ist es keineswegs gleichgültig, wie sich ihre Volksvertreter informieren, ob sie der Ratlosigkeit anheimfallen oder wie sie sich damit auseinandersetzen, daß sie die Einzelheiten zur Entscheidung anstehender Sachprobleme zum Teil nur ungenau beurteilen können. Wer berät die Nichtfachleute und beeinflußt ihre punktuelle Entscheidungsmacht? Vor Abstimmungen von existentieller Tragweite für große Bevölkerungsgruppen werden sie häufig durch unerklärbar widersprüchliche Gutachten verunsichert. Wohl stehen ihnen wissenschaftliche Auskunftsdienste, Publikationen und Beratungsmöglichkeiten überreichlich zur Verfügung; die Wirklichkeit indessen sieht so aus, daß Parlamentarier aller Industrieländer sich in der Selbsteinschätzung vereinigen, als gewählte Volksvertreter immer häufiger überfordert zu sein. Denn sie müssen zwingend erforderliche Entscheidungen auf der Grundlage grell kontrastierender Informationen treffen.

Kein politischer Intellekt kann die babylonische Datenverwirrung mit hinreichender Genauigkeit durchdringen. Jeder ist angewiesen auf zu viele Faktoren, die sich seinem Einfluß entziehen. Die parlamentarische Demokratie gerät mit sich selbst in Widerspruch – ohne Alternative. Ihre Abgeordneten lassen sich ein auf das Handeln mit unüberschaubaren Konsequenzen nicht nur für die lebenden Generationen, sondern auch für eine Zukunft, die nach Jahrhunderten mißt.

An die Stelle der allzu schlichten Formel »Keine Experimente« ist längst der unausweichliche Zwang getreten, mit Gesetzen und Verordnungen zu experimentieren. Nur ist es nicht üblich, das einzugestehen, weil der Konsens zwischen Wählern und Gewählten unter anderem auf der Fiktion beruht, nahezu alle Probleme seien, wenn man nur wolle, mit angemessenen Mitteln zu bewältigen – ein denkbar opportunistisches Prinzip.

Ist die Wahrheit mehrheitsfähig? In den Medien und der Öffentlichkeit ist man zu sehr an die Vexierbilder politischer Schönfärberei gewöhnt. Für Betroffene wie Verursacher liegt in der Neigung zu Halbwahrheiten offenbar Suchtgefahr. Die Vereinfacher besitzen die Höflichkeit von Geschäftsführern eines

Beerdigungsinstituts: Leichen sind kaum noch vorhanden. Kunstlicht verhüllt den Blick auf die hintergründige Wirklichkeit.

Tatsächlich gestehen sich manche Parlamentarier ein: Ich weiß nicht einmal, wie oft ich manipuliert werde, denn ich kann es nicht kontrollieren. Wieviel Verlaß ist auf die Unterlagen, mit denen ich arbeite? Zwischen Gegnern und Befürwortern der Atomkraftwerke, im Widerstreit von wirtschaftlichen Machtinteressen und Bürgerinitiativen, bei denen sich reale Kenntnis der Gefahr mit menschlicher Urangst leidenschaftlich verbinden, läßt sich kein beweisbar unbedrohlicher Standpunkt ausmachen, weil auch die Gehirne der informiertesten Wissenschaftler die Risiken der Entsorgung, des Kriegsfalls und der Auswirkung auf die Mechanik von Wirtschaft und Arbeitsmarkt nicht zu Ende denken, geschweige denn Prognosen liefern können, deren Wahrscheinlichkeit an Sicherheit grenzt.

Ohnehin neigen Wissenschaftler dazu, das Umsetzen ihrer Entdeckungen jenseits der Forschung auf die vergleichsweise profane Ebene der Ökonomie und der militärischen Abschreckung mit einer ungeheuerlich anmutenden Distanziertheit den Politikern zu überlassen: Sie überantworten die katastrophenträchtige Verwirklichung ihrer Erfindungen den Mehrheitsdenkern und kapseln sich in ihrem Minderheitsbewußtsein ein.

Niemand kann garantieren, daß das Flugsystem MRCA – *Multi Role Combat Aircraft* –, für das vom Bundestag Milliarden um Milliarden bewilligt werden, nicht in dem Augenblick technisch überholt ist, in dem die Bundeswehr so viele Maschinen dieses Typs besitzen wird, wie die NATO-Konzeption der Bundesrepublik auferlegt. Jeder Tag aber, an dem Starfighter über Europa fliegen, ist ein Tag, an dem Parlamentarier, die sich nicht beeilen, daran etwas zu ändern, eben nicht verhindern, daß weitere Piloten abstürzen. Einen Ausweg aus dieser Verantwortung gibt es nicht, denn die Alternative hieße: die Verteidigungsbereitschaft, die auf der Annahme der Verteidigungsmöglichkeit beruht, Stück um Stück aufgeben. Eine ganz andere Dimension des Gewissenskonflikts tut sich auf, wenn Betriebsräte und

Funktionäre der IG Metall, die andernorts eher für Abrüstung eintreten, Parlamentarier bedrängen, das Volumen von Rüstungsaufträgen zu steigern, um Arbeitsplätze zu sichern.

Kein Abgeordneter kann sich alle notwendigen Kenntnisse aneignen, um garantiert keinen Fehler zu begehen, wenn er umweltpolitische Beschlüsse mitverantwortet. Die Frage, wie wir morgen leben wollen, führt – in der Abwägung zwischen unterschiedlichen Gütern – nicht zu Lösungen der reinen Vernunft. Ja, man weiß nicht einmal, was dies wäre. Die Kompromisse jedoch, die überall verwirklicht werden, enthalten genug Zündstoff für eine Art ökologischer Torschlußpanik.

Um nur ein Beispiel zu nennen: Daß bei der PVC-Herstellung in den USA wie in der Bundesrepublik während des Vergasungsprozesses des Ausgangsstoffs Vinylchlorid Kondensationen auftraten, die bei Arbeitern Leberkrebs verursachten und zu Todesfällen führten, ist erwiesen. Die maximalen Arbeitskonzentrationswerte von VC-Stoffen in der Verpackungsindustrie werden jedoch nach umfangreichen toxikologischen Untersuchungen vom Bundesgesundheitsamt nach dem derzeitigen Stand des Wissens für unschädlich gehalten und toleriert. Kunststoffpackungen sind gegenwärtig eine der Voraussetzungen für ein äußerst kompliziertes Marktsystem im Lebensmittelhandel nicht nur in Ballungsräumen mit zentralen Verbrauchermärkten. Wenn neuerdings wieder häufiger Glas als Verpackungsalternative etwa in der Milchwirtschaft empfohlen wird, bleibt zu berücksichtigen, daß bei der Glasherstellung, zu der man Soda benötigt, große Mengen aggressiven Chlors entstehen. Wohin damit?

Unverbunden reiben sich die Problemkreise aneinander. Jeder beliebige Tag im Parlament ballt die Kontraste zusammen. Das Hochhaus des Bundestags wird zum Kaleidoskop, in dem Spezialisten nisten und voneinander kaum mehr wissen, als daß sie sämtlich in einem komputerhaften System rotieren.

In der parlamentspolitischen Praxis handelt es sich in einer rasch zunehmenden Zahl von Problemgebieten nicht nur um die vielzitierten Grenzen des Wachstums und ihre kaum kalkulierbaren Auswirkungen auf die nationale und internationale Wirtschaft. Es handelt sich mindestens ebenso kraß um die fortgesetzte Erfahrung einer Unvereinbarkeit der Dinge, nämlich um den geradezu körperlich spürbaren Gegensatz zwischen der Gleichzeitigkeit der Ereignisse und der Asynchronität des Bewußtseins.

In wievielen Begriffsräumen existieren wir gleichzeitig? Einerseits leben und wirtschaften wir in der *one world* elektronischer Kommunikationsmittel, die alle ökonomischen und humanen Beziehungen einander näherbringt. Andererseits ist auf der Welt von der Steinzeit über das Mittelalter bis zum Atomzeitalter alles gleichzeitig vorhanden. Die Delegation aus Namibia, die den Auswärtigen Ausschuß besucht, hat erst vor Stunden in einem Interkontinentaljet diniert. Der Flugzeugschatten fiel aus 10 000 Meter Höhe auf einen Dschungelkral, in dem noch nicht einmal das Rad erfunden wurde. Der Lobbyismus der Kassenärztlichen Vereinigung brandet an denselben Bonner Schreibtisch wie die Petition von Amnesty International für einen Bolivianischen Schriftsteller. Die Streikdrohung aus dem Öffentlichen Dienst fällt zusammen mit gleichzeitig eintreffenden Nachrichten über Cholera in Kalkutta und Millionen hungernde Kinder in Asien. Im Koordinatennetz des Nord-Süd-Konflikts ist der Abgeordnete nur ein Punkt von kaum merklicher Bewegungskraft, aber er verfügt über eine wahrhaft katastrophale Fülle von Informationen. Sensibilität, die nur der eigenen Person gilt, ist keine.

Wie nahe liegt das Fazit namens Ratlosigkeit? Die profane Inanspruchnahme des philosophischen Lehrsatzes »Ich weiß, daß ich nichts weiß« ergibt keine brauchbare Politikermaxime. Denn diese Formel von den Grenzen alles Wissens meint etwas viel zu Differenziertes, als daß man sich dabei beruhigen dürfte. Die Bevölkerung will ihre Politiker handeln sehen – gelegentlich lieber falsch handeln sehen als gar nicht. Gerade deswegen haben die Wähler ein Anrecht darauf, daß Abgeordnete sich dem Konflikt, in zugespitzten Fällen auch der Tragik unzureichender Voraussetzungen für ein ruhiges Gewissen stellen. Das mindeste, das man von Parlamentariern erwarten sollte, ist: daß sie ihre buchstäblich abgrundtiefe Unsicherheit offen darlegen bei Fragen, in denen sie sich durch den Widerstreit der Experten entmachtet sehen, aber erfahrungsgemäß auch dem uniformen Votum der Fraktionen nicht trauen können.

In dieser Lage gibt es, denke ich, keine glaubhafte Haltung ohne Aufrichtigkeit. Nicht nur die Ölpreiskrise hat bewiesen, daß die Menschen in der Bundesrepublik gelassener, als von Politikern befürchtet, auf Grenzsituationen reagieren können, die uns von außen aufgezwungen oder durch höhere Gewalt hervorgerufen werden. Die rückhaltlose Information der Öffentlichkeit über die tatsächlichen Rentenprobleme etwa, verbunden mit allgemeinverständlichen Alternativen zu ihrer Lösung, braucht keine Regierungsmehrheit zu verändern. Unerträglich wird dagegen das Taktieren mit Teilwahrheiten, wenn es sich obendrein zur Burleske eines öffentlich durchlittenen Wechselfiebers der Verantwortlichen auswächst. Schluß mit einem falsch verstandenen Heldentum des Parlamentarismus, das so tut, als sei es immer mannhaft, überlegen, ja unverwundbar in seiner selbstbescheinigten Würde. Die Politiker müßten sich also entschließen, anders als angepaßt mit Mehrheiten umzugehen, vielmehr die Belastungen offenzulegen, vor denen wir alle voraussichtlich in kommenden Jahren stehen. Bezeichnenderweise scheint dafür im Mittelbau der Parlamente mehr Mut vorhanden zu sein als an der Spitze.

Auch ohne Referendum, das unsere Verfassung nicht vorsieht, muß es möglich werden, im Verteilungskampf nicht nur um Zuwachsraten, sondern auch um Besitzstände in Übereinstimmung mit dem Grundgesetz das Allgemeinwohl und die Sozialpflichtigkeit des Eigentums durchzusetzen. Allerdings wird es dazu erforderlich sein, daß Regierungen die Bevölkerung ungleich entschiedener als bisher über die wahren Ursachen und Hintergründe finanzieller Interessenkämpfe aufklären. Wie anders will man verschüttetes Vertrauen in der Parteienpolitik wiedergewinnen? Solange man es gerade den am meisten Bevorrechtigten durchgehen läßt, daß sie das öffentliche Klima immer dann hysterisieren, wenn sie einen Teil ihrer Privilegien politisch in Frage gestellt sehen, ist Demokratie so abwesend wie vor ihrer Erfindung.

Freilich haben wir Bundestagsmitglieder uns ohne Not in eine unglaubwürdige Position gebracht. Exemplarisches verdient über den Tag hinaus festgehalten zu werden: Es war blanker Zynismus, daß Parlamentarier sich im Herbst 1976 Diäten, Beihilfen und Versorgungen bewilligt haben, die mit dem moralischen Anspruch, für das Gemeinwohl einzutreten, unvereinbar sind. Und das just zu dem Zeitpunkt, da alle Abgeordneten vor die Bevölkerung hintreten und verstärkt deutlich machen müssen, daß Sparsamkeit überall nottut und der Realzuwachs für die Mehrzahl der Berufstätigen zumindest verlangsamt wird.

Der einzelne Abgeordnete hat für sich zu entscheiden, ob er das Mehreinkommen wenigstens teilweise für soziale Zwecke hergibt. Keiner hat ein Recht, sich proklamatorisch aus dem Fenster zu lehnen. Denn es war nur eine kleine Minderheit dagegen. Eine Mehrheit für Begehrlichkeit fand sich im fiskalischen Selbstbedienungsladen noch immer. Man hat im übrigen diese erstaunliche Konsequenz aus dem Diätenurteil des Bundesverfassungsgerichts im wesentlichen wieder einmal den höheren Beamten in den Fraktionen des Bundestags und der Länderkammern überlassen – einer der privilegiertesten Gruppen unter allen. Von der Sozialbindung der Intelligenz, die als Forderung wert wäre, in die Verfassung einzugehen, wie die Forderung nach der Sozialpflichtigkeit des Eigentums (Grundgesetz, Artikel 14 und 15) – von solcher Gemeinverantwortlichkeit der besser Ausgebildeten und besser Gestellten sind wir offensichtlich noch weit entfernt.

Gewissen im Notstand? Auf dieser Grundlage steht es besonders schief. Das bleibt ein korrumpierender Vorgang und war auch wohl so gedacht.

Das Gefühl von Beschämung, das sich zumindest bei einigen jüngeren Bundestagsabgeordneten aus diesem Grund erhält, hat überhaupt nichts damit zu tun, ob einer in anderen Berufen schon viel Geld verdient hat und die Fähigkeit dazu auch weiterhin nachweisen kann, sondern mit der allgemeinen Betroffenheit angesichts der Diskrepanz von idealgedachter Zielsetzung und subversiver Realität.

Von der immer neu erhobenen Forderung nach Verschärfung des Strafrechts zur Abwehr von Terror bis zu rechtstheoretischen und psychologischen Argumenten für das Gegenteil, nämlich Liberalisierung, von dem allgemeinen Unvermögen, die Zusammenhänge von Ausbildungssystem, Beschäftigungsmöglichkeiten und Einkommensstruktur kritisch offenkundig zu machen und eine gerechtere Verteilung herbeizuführen, bis zum längst erwiesenen Widersinn der ebenso allgemein verbreiteten wie manischen Wachstumsideologie sind die politisch verantwortlichen Entscheidungsträger dem erbarmungslosen Richtungsstreit gegensätzlicher Kräfte ausgesetzt.

Gewiß ist die Spannung zwischen dem demokratischen Kampf um Mehrheiten und dem Durchsetzen von Sachentscheidungen das eigentliche Element der Politik. Seit langem aber erscheint ein allzu gravierender Teilbereich der Sachpolitik durch ideologische Polarisierung angesichts gegensätzlicher Mehrheiten zwischen Bund und Ländern blockiert. Es fragt sich, wie lange unsere Demokratie es sich noch leisten kann, daß immer mehr Kapazität der Parlamente zum Verschleiß in der nach draußen, also auf Medien und Publikum gerichteten Auseinandersetzung der Parteien verbraucht wird und folglich immer weniger Zeit und Bewegungsspielraum für rationale Faktenpolitik verfügbar sind.

Die Zunahme der Sackgassen erreicht irrationale Ausmaße. Nicht selten gleicht das Parlament einer Kühlfabrik, in der man Gesetzentwürfe und Reformdiskussionen auf Eis legt. Kein Wunder, daß es die Abgeordneten friert. In diesem Klima erleiden auch die Abgehärteten psychische Erkältungen, die die Individuen, die da Politik treiben, bis in den Kern der Person behindern. Entsprechend steigt die Rate an glasig-entleerten Blicken, die aus übermüdeten Abgeordnetengesichtern Überforderung signalisieren. Der starre Immobilismus wird nicht selten zum parlamentarischen *Rien ne vas plus.*

Wer könnte sich darauf berufen, eindeutig richtige Lösungen und gleichzeitig auch die Verwirklichungskraft wenigstens für einen Teil der Gegenwartskonflikte zu besitzen? Ich reklamiere deswegen einen Notstand im Gewissen: sein Eingeständnis ohne Andeutung von öffentlicher Hysterie, vielmehr mit dem Realitätssinn für das Absurde, das uns alle umgibt, und mit der nüchternen Einsicht, wie unüberschaubar scheinbar alltägliche Arbeitsbedingungen für Parlamentarier sind. Nicht wenige lassen sich ihr Handeln von einem Restvertrauen leiten, das angesichts der Vielschichtigkeit aller Entscheidungskriterien auf kaum etwas anderes hinausläuft als auf einen gar nicht so gesunden, aber bislang unausrottbar vitalen Menschenverstand. So gesehen erhält es einen radikalen Ernst, wenn einer sagt: Ich entscheide mich nach bestem Wissen und Gewissen.

So alt wie das Reich –
ein Leben für die Republik

Wilhelm Deffner in Augsburg

Zehneinhalb Jahrzehnte lang ist sein Leben verlaufen wie die Geschichte der Deutschen. Wer Wilhelm Deffner in seinem Einfamilienhaus in der Augsburger Vorstadt nahe einer der Lechbrücken besucht hat, trat bei der Vergangenheit ein. Aber er begegnete auch der außergewöhnlichen Lebendigkeit eines Mannes, der am 12. Mai 1977 das Alter von 106 Jahren erreicht hat und in der Nacht zu seinem Geburtstag starb.

Als ich ihn zum erstenmal besuchte, begleitet von dem Fotografen Thomas Höpker, war es unmittelbar vor seiner Jahrhundertfeier, zu der Bundeskanzler Brandt diesen ältesten Sozialdemokraten der Bundesrepublik – er war damals seit 80 Jahren Parteimitglied – nach Bonn holen und vor der Bundestagsfraktion der SPD eine Rede halten ließ, die denkwürdig ausfiel.

An einem warmen Frühlingstag 1971 waren wir von München herübergefahren. Als wir hinkamen, war Deffner im Lehnsessel ein wenig eingenickt. Aber das war kein Greisenschlaf. Gleich war er wach, wischte sich den Schnauz, blickte uns kritisch an aus den kleinen Augen in dem Seelöwengesicht. Er tat ein bißchen streng und meinte: »Ziemlich lang haben Sie mich warten lassen. Jetzt habe ich nicht mehr viel Zeit. Erst einmal esse ich meine Suppe, dann ruhe ich aus und danach gehe ich spazieren, wie jeden Tag.«

Wir entschuldigten uns ernsthaft, mit dem Verkehr auf der Autobahn, vor allem aber mit einem platten Apfelkuchen, den wir auf dem Wagensitz mitgebracht hatten nebst 100 Kerzen. Er war erst vor einer Dreiviertelstunde in einer Bogenhauser Bäckerei fertig geworden. Die ganze Fahrt über hatte es wie in einem Backraum mit lauter Torten gerochen. Nun versöhnte das Mitbringsel den alten Herrn. Er ging hinunter zu seinen Kindern (die auch schon Großeltern sind), bat uns aber, in einer halben Stunde wiederzukommen.

»Als ich ein junger Sozialist war«, erzählte er, als wir dann in seiner Mansarde um einen hochbeinigen Tisch mit bestickter Decke saßen, »damals haben wir uns zur Aufgabe gemacht, die Partei in jeder Weise zu unterstützen. Natürlich hatten wir auch oft verschiedene Meinungen. Aber dann haben wir uns zusammengerauft.«

»Wollen Sie nicht lieber mit dem Schlafwagen nach Bonn fahren?« fragte ich. »O nein«, wehrte er die Bedenken ab. Das ist der erste Flug meines Lebens – den lasse ich mir nicht nehmen. Ich hoffe nur, daß dem begleitenden Arzt und meinem Sohn, der auch mitfliegt, nichts passiert. Um mich wär's nicht schade. Aber an diesem Tag brauchen sie mich noch mal, das werde ich schon noch durchstehen.«

Während Höpker seine Lampen hinter weißbezogenen Regenschirmen aufbaute, während er die Batterie seiner Kameras herrichtete und leise hantierte – wir hatten zusammen eine Geburtstagsstory zu machen –, begann der Hundertjährige eine Menge von dem zu berichten, was er erlebt hatte. Beim Klick der ersten Aufnahme waren wir noch vor den Gründerjahren, beim zehnten in der Augsburger Textilfabrik.

Deffner wurde tatsächlich 1871 geboren, 114 Tage nach der Gründung des Deutschen Reichs. Als er in die Schule kam, verdiente seine Mutter als Arbeiterin für die 78-Stunden-Woche den Wochenlohn von 6.80 Mark. Nur knapp überstand der Bub die Scharlachepidemie, die damals bei vielen Kindern zur Wassersucht und zum Tod führte. »Wir waren bitterarm«, erzählte er. »Tagsüber war ich bei einer Kostfrau, aber als deren Tochter an Scharlach gestorben war, mochte sie mich nicht mehr bei sich haben. Ich lief überall herum. Wenn ich Hunger hatte, bekam ich manchmal an der Klosterpforte Brot. Abends um sieben, wenn meine Mutter nach Hause kam, gab es Kipferln.«

Wir entzündeten für die Aufnahmen die hundert Kerzen. Geburtstagskerzen im voraus anzünden ist verboten, bekommen Kinder gesagt. Aber der Alte mit dem Seelöwengesicht war nicht abergläubisch. Er lachte in die Lichter, ohne Pose. Er fuhr in seinem Lebenslauf fort.

»Ich habe mir nie vorgestellt, einmal so alt zu werden«, sagte er. »Ich war eher ein schwächliches Kind, man hat nicht allzu viel auf mich gegeben. Später, als ich erwachsen war, gab es Arbeit über Arbeit, an den Tod habe ich wenig gedacht.« Seine Erinnerung war genau, Daten und Namen fielen ihm aus dem Bilderbuch seines Lebens, das so viele trübe Bilder gekannt hatte, meist ohne Zögern ein.

Das Loch, in dem er aufgewachsen war, schilderte er als eine winzige Kammer in einem Augsburger Altstadthaus – ohne Licht und Wasser, ohne Abort. Dort lebte er bei seiner Mutter, die nicht verheiratet war. Aller Unrat kam in ein Sudelfaß, das der Bub abends mit einem Freund zum Lech rollte und entleerte. Die hoffnungslose Armut, die ihn und seine Umgebung prägte, hat ihn zum politischen Engagement geführt.

»Als das Sozialistengesetz gegen die angeblich gemeingefährlichen Bestrebungen der Sozialdemokraten verfügt wurde«, erzählte er, »damals – das war 1878 – war ich noch zu klein, um das zu begreifen. Aber wie bedrückt und geduckt alle Erwachsenen um mich herum waren, das bekam ich zu spüren. Es waren alles Arbeiter. Sie lebten in der dauernden Furcht vor Arbeitslosigkeit und Krankheit. Das wurde mir immer deutlicher, als ich 1885 meine Lehrzeit in einer Textilfabrik begann. Sobald es ging, am 1. Juni 1891 bin ich in die SPD eingetreten. 1904 wurde ich dann Vorsitzender der Freien Augsburger Gewerkschaften. Die Partei und die Gewerkschaft – das war damals noch eins.«

Auch seine Frau, Aurelia Deffner, wurde Politikerin. In der Brautzeit hat man sie »wegen Umgangs mit einem Revoluzzer« aus einer Augsburger Textilfabrik entlassen. »1901«, erinnerte sich der Hundertjährige, »hat sie als erste in unserer Gegend einen sozialistischen Frauenverein mitbegründet. Als sich dann 1908 auch Frauen parteipolitisch betätigen durften, war es für sie keine Frage, was sie zu tun hatte.«

An der Wand hing ein Familienphoto, angegilbt, in einem lakkierten Schnitzrahmen mit Passepartout. Darauf blickt Frau

Aurelia Deffner, später Abgeordnete im Bayerischen Landtag, so energisch wie einst Rosa Luxemburg in die Zukunft. Ihr Mann wölbt ihr zur Seite Brust und Bart zur Wilhelminischen Statur. Aber das Kaiserreich hatte in ihm keinen getreuen Untertan.

Was war das Eindrucksvollste an diesem ersten Gespräch, an das sich später andere anschlossen? Für mich war es Deffners Bericht über den Ausbruch des Ersten Weltkriegs. »Wir haben den Krieg kommen sehen«, sagte er. »Seit 1911 hatten wir unsere Befürchtungen. Ich bin damals mit Freunden herumgezogen. Wir haben Protestversammlungen gegen den Krieg abgehalten. Kaum einer wollte uns hören.«

Am 1. August 1914, dem Tag der Mobilmachung, ist Deffner in einem Wirtshaus in Blaichach aufgestanden und hat seine Meinung gesagt. Er war damals Stadtrat in Kempten und Bezirksleiter der Textilgewerkschaft im Allgäu. »Ein Sonntag is gwesn, der 1. August«, berichtet er, indem er aus dem Hochdeutschen in ein Gemisch aus Bayerisch und Schwäbisch verfällt, was immer dann geschieht, wenn eine Erinnerung ihn besonders berührt. »Es war grad a Frühschoppen, wo ma gemeinsam hatten, und auf einmal kummt einer reigstürmt und hat gsagt: ›Die Mobilmachung ist befohlen worden‹! Dann is ein Jubel losbrochn, und wie sich der Jubel einigermaßen gedämpft hat, hab i des Wort ergriffen und hab gesagt: ›Liebe Kollegen, des is gar keine Ursache zum Jubeln. Im Gegenteil, es ist eine traurige Angelegenheit, denn der Krieg wird nur Not und Elend mit sich bringen und Menschenmord‹.«

»Und wie haben die damals in der Kneipe reagiert?« wollte ich wissen.

»Die sind ganz wütend gewesen. Glei aufgefahrn sinds. Mich bedroht habens, so daß ich schleunigst die Flucht ergreifen mußte. ›Jetzt wennst net glei gehst, dann schlagn ma di zusamma‹, habens geschrien.«

Deffner, einst Turnwart im Arbeiterturnverein, war für den Frontdienst damals schon zu alt. Eine Zeitlang tat er in der Heimat Dienst als Soldat. Aber das Schwierigste kam für ihn erst danach. Nach dem 9. November 1918, als Ebert die Republik ausgerufen hatte und Reichskanzler wurde, tat Deffner das Seine, um die Sache der Arbeiter in den Monaten blutiger Unruhen zu retten. Er wurde Vorsitzender des Arbeiter-Bauern-und-Soldatenrats im Allgäu und zog anschließend in den bayerischen Nationalrat ein, den man provisorisch bildete.

Der Alte mit den jungen Augen hatte sich in Eifer geredet. Er beteiligte sich am Blasen, als wir die 100 Kerzen auslöschten, die eine Weile mächtig geflackert und die Luft über dem Tisch erhitzt hatten. Höpker war mit seinen Aufnahmen fertig. Nun saßen wir nur noch privat im Gespräch. Manchmal besann sich Deffner einen Augenblick, dann nannte er Personen und Fakten, ganz selten kam eine Entschuldigung, dies oder das sei ihm eben entfallen. Aber er könne es in seinen Aufzeichnungen nachsehen. Natürlich war er ein wenig stolz auf sein Gedächtnis wie auch auf die Tatsache, daß er noch kaum eine Brille brauchte.

Immer von neuem kam er auf die Gewerkschaftsarbeit zu sprechen. 1901 hatte man ihn in Augsburg auf die »schwarze Liste« der Betriebe gesetzt. Die Folge war, daß er arbeitslos wurde. Daraufhin wählten ihn die Textilarbeiter, die seiner Energie vertrauten, zum hauptamtlichen Gewerkschaftssekretär.

»Nach dem Krieg«, erzählte er, »haben mich die Textilarbeiter dann zu ihrem Gewerkschaftsvorsitzenden für Bayern gemacht. Das war 1919. Es kamen die schwersten Zeiten mit Arbeitslosigkeit und Inflation herauf. Das war nun so: Wenn man grad den Arbeitern eine Lohnaufbesserung erkämpft ghabt hat, dann war es ja in wenigen Tagen Null. Zuletzt hatten wir einen Stundenlohn von 900 Millionen, und zwei Tage danach hat man dafür kaum noch ein paar Semmeln kaufen können!«

Bald danach, 1924 – der Geist von Locarno dämmerte herauf –, wurde Deffner »aus gesundheitlichen Gründen« pensioniert. Das hinderte ihn aber nicht, noch elf Jahre lang in Augsburg einen Textilhandel zu betreiben, wobei ihm seine alten Verbindungen zu den Arbeitern der Fabriken zugute kamen. Im sogenannten Ruhestand hat er dann unter anderem eine vierbändige Geschichte der Augsburger Gewerkschaften und der SPD geschrieben und sie den Augsburger Sozialdemokraten gewidmet.

Mit Leidenschaft erzählte er von den Kämpfen gegen die »gelben Vereine« der zwanziger Jahre, die von Unternehmern begünstigt wurden, weil sie lammfromm blieben – Deffner war immer ein Mann des organisierten Tarifkampfs. Verglichen mit seinen Nachfolgern in späteren Jahrzehnten war er wirklich das, was man einen Vorkämpfer nennt.

Was hielt er von den Sozialdemokraten und den Gewerkschaften heute? Er stand – das wurde mit jedem Wort deutlich – mit ganzem Herzen zu ihnen, aber er machte sich manchmal Sorgen. Er war der Ansicht, nicht wenige Kollegen und Genossen seien allzu bequem geworden. Dann folgte ein Satz, so kämpferisch und zornig, als würde er auf einer Parteiversammlung ausgerufen: »Die Jahre zwischen den Wahlen dienen bei der SPD der Selbstbekämpfung. Das muß sich ändern, wenn wir weiter regieren wollen.«

Der alte Streiter war in seinem Element. Für ihn gab es keinen geruhsamen Lebensabend auf dem Altenteil. Um ihn wurde es auch nie einsam, obwohl seine Frau 1959 im Alter von 88 Jahren starb. Wilhelm Deffner rieb sich an der Gegenwart, wie er es Jahrzehnte lang getan hatte. Er schien mir lebendiger als manche vierzigjährigen Greise. »Ich vergesse nie«, sagte er, »unsere Freudentränen und wie wir uns alle umarmten, als man verkündete, daß der Reichstag die Verlängerung des Bismarckschen Sozialistengesetzes abgelehnt hatte. Es war der schönste Tag unseres Lebens, der 25. Januar 1890!«

Bevor wir ihn damals verließen, Höpker und ich, fragte ich nach seiner Rente, ob er zu leben hätte oder ob seine Kinder helfen müßten. Schließlich hatte er Sohn und Tochter – beide in den Sechzigern –, fünf Enkel und sechs Urenkel. Eine Familie offenbar mit Zusammenhalt. »Wissen Sie«, war seine Antwort, »das leppert sich zusammen bei einem Hundertjährigen. Ob die erwarten, daß ich langsam anfange, etwas zurückzuzahlen? Wahrscheinlich sind sie mir böse, daß es mich so lange gibt. Aber was kann ich dazu?«

Ich habe den alten Herrn danach mehrfach getroffen – immer in Aktion. Als ich nach ein paar Monaten erneut in Augsburg hereinschaute, erwartete er mich wieder in dem Mansardenzimmer in dem Spitzgiebeldach. »So etwas Dummes«, sagte er. »Heute früh, als ich nach der Post sehen wollte, bin ich auf der gebohnerten Treppe ausgerutscht und ein paar Stufen hinuntergefallen.«

Zum Glück hatte er sich dabei nichts Ernsthaftes zugezogen. Er saß nur ein bißchen eingeschüchtert im Sessel, aber kerzengerade, der wilhelminische Flügelbart stand schneeweiß über den etwas verkniffenen Lippen. Die kleinen Augen blickten so kritisch und lebenslustig wie eh und je aus dem Seelöwengesicht.

Diesmal hatte ich ein kleines Taschentonbandgerät mitgebracht. Er mochte nicht hineinsprechen, als ich ihm das batteriegetriebene Notizbuch hinhielt. Nach einer Weile vergaß er jedoch das Instrument zwischen sich und dem Befrager. Wenn ich das Band abhöre, nach Jahr und Tag am Schreibtisch, dringt wieder diese über hundertjährige Stimme zu mir, etwas dünn geraten im Recorder, manchmal zitternd, immer aber mit Festigkeit, wenn er auf entscheidende Augenblicke zu sprechen kommt.

Das Band erzählt, wie Deffner seine Aufgabe als Gewerkschaftssekretär im Allgäu übernahm: »Nun hab ich meinen Posten angetreten, und die dortige Allgäuer Zeitung in Kempten hat gleich einen Artikel gebracht. Droben stand ›Ein neuer Stern ist aufgegangen im Allgäu‹, und dann habens meine Verhältnisse geschildert. I bin halt freireligiös gwsn, und meine Frau auch. Wir haben 1902 geheiratet ohne einen Geistlichen, und wir haben unsere Kinder nicht taufen lassen. Das war alles in dem Artikel drin geschrieben, und gfallen hat's denen natürlich net. Zum Schluß is halt so dringestanden: ›Die Allgäuer werden net so blöd sein und an solchen Menschen nachlafa.‹ So ähnlich hat das geheißen. Auf Grund dieses Artikels war das ganze Allgäu von mir scho unterrichtet, war i scho bekannt. Aber's hat im Grund gholfen. Denn alle Freisinnigen, die a eigne Überzeugung ghabt ham, die konnt i schon ansprechen. Dadurch hab i verhältnismäßig kurz eine ziemlich große Zahl von Mitgliedern ghabt. 1912 dann ham mir den ersten Streik gemacht, mit Erfolg – es gab was bessere Löhne.«

»Wie war das eigentlich«, höre ich mich in dem winzigen Lautsprecher des Bandgeräts fragen, »Sie haben mir von Protestveranstaltungen gegen den Krieg vor 1914 erzählt?«

Deffner: »1911 hat die internationale Sozialdemokratie beschlossen, überall Versammlungen gegen den drohenden Krieg abzuhalten. Man hat doch damals alles kommen sehen – auch am Verhalten von unserem damaligen Kaiser und der anderen Herrscher in Europa. Da hab ich in Kempten, in Immenstadt und Lindenberg große Versammlungen abghalt'n. I hatte großen Zulauf und hab auch großen Beifall überall bekommen, wo ich gegen den Krieg geredet hab und gsagt hab, was der Krieg ist.«

Frage: »Und als Sie selber dann Soldat werden mußten?«

Deffner: »Ach, die Musterung! Lauter alte Leute. Die oahna habn an Hängebauch ghabt, die anderen krumme Beine und die dritten warn sonst in einer ganz schlimmen Verfassung. Wie i drankomma bin, dann hat der Arzt zum Feldwebel oder was der war ausgrufen: ›Endlich wieder mal oana wo ma braucha kenna‹. Nicht daß mi des gfreut hat, i mein nur, daß i halt gsund gwesn bin.«

Ich: »Aber an die Front mußten Sie zum Glück nicht.«

Deffner: »Regelrecht einrückn mußt' i als Rekrut. In sechs Wochen warn ma scho ausgebildet mit all dene Kumpel. O mein Gott, des war a jämmerliche Gsellschaft aufanander. Naja, nach den sechs Wochen sin ma eingekleidet worden und sollten an die Front kumma. I hab a Paar Schuh ghabt wie von am Riesen, mei Hosn war gflickt, der Kittel ganz ausgewaschen und des war mei Frontanzug. Aber im letzten Moment, wo wir hätten an die Front komma solln, da is ein Beschluß vom Reichstag komma, daß unser Jahrgang nimma naus kummt. Nun hab i halt an Heimsoldat machen müssen. Frei bin i trotzdem net gworden. Wia der Krieg zu Ende isch, des wissen'S selber. Überall is im ganzen Reich eine große Empörung gwesn, denn bis zuletzt hat ma den Menschen net die Wahrheit gsagt. Wie man nachher gsehn hat, wie's wirklich gwesn is, das hat eine solche Empörung ausgelöst, net bloß Arbeiter und Sozialdemokraten, sondern die ganze Bevölkerung war empört.«

Deffner erinnert sich, wie in Kempten Tausende auf die Straße gingen, in großen Demonstrationszügen. »Glei nach dem Krieg hamma ne Versammlung ghabt, die war riesig besucht, und da hab i gesprochn. Nachts um zwölf jetzt kummt auf einmal ein Unteroffizier von München rüber und hat uns gesagt, daß die Revolution ausgbrochn is. In Hamburg mit den Matrosen, und daß in München scho Arbeiterräte gewählt worden sind. Wir haben dann nachts um 12 Uhr sofort dasselbe gemacht und habn den Bürgermeister und Amtmann noch rausgeholt und ham von ihnen Unterschriften verlangt, daß sie nix dagegen unternehmen. Es ist auch nichts gemacht worden dagegen zunächst. Aber, wie es halt ist, die Leute folgen immer den größten Schreiern und dem größten Maul – des sieht man ja bei uns mit dem Strauß, und so war das halt damals auch. Die Kommunisten waren natürlich die Radikalsten, und die hat ma dann auch in den Arbeiterrat gewählt.«

Auf dem Band folgt eine lange Pause, in der man Deffner nur atmen hört. Ich sehe ihn vor mir, wie er unter dem Bild seiner Frau sitzt, der Landtagsabgeordneten Aurelia Deffner, geborene Wagner – sie war eine der ersten Frauen im bayerischen Parlament. Sie hatte 1919 in Immenstadt und Sonthofen kandidiert und war im ersten Anlauf gewählt worden.

»Damals haben Kemptener Bürger«, beginnt Deffner wieder zu berichten, »ein gewisser Kaufmann Eweger – so hat er geheißen, mein i –, die habn die Arbeiterräte beseitigen wollen und habn die Berufsunteroffiziere zusammengerufen, die es in Kempten gegeben hat. Einen Plan habn sie ausgeheckt und wollten die Arbeiterräte überfallen und verhaften. Sie haben sich dann aber doch net ganz traut und haben Militär bestellt in Württemberg. Ich hab durch einen Bekannten, der auch ein Unteroffizier war, davon gehört. Das ist alles ganz heimlich gemacht worden. Am selben Tag hätt's scho losgehn solln, das Militär war scho im Anmarsch. Da ging alles durcheinander. Der Arbeiterrat hat beschlossen: So und so viele Bürger werden als Geiseln gefangen genommen, wir sind schließlich in der Revolution, die Arbeiter sind bewaffnet, und das Militär soll nur kommen. Auch in Kempten hat ma an Zug Militär dortghabt und der Leiter, ein Feldwebel – i weiß net, wars a Zug oder wars a Kompanie –, der ist Kommunist gwesn und hat den Leuten eingeredet, die solln nur komma aus Württemberg, aber es werd blutig werden.«

Frage: »Was konnten Sie in dieser Lage tun? Hatten Sie überhaupt jemanden auf Ihrer Seite?«

Deffner: »Ich hab mit den Räten und mit den Soldaten gesprochen und hab sie beschworen, und sie habn auch tatsächlich mir zugestimmt und beschlossen, daß sie sich zurückhalten. Und wie der Beschluß gefaßt war, ist der Eweger komma, und dem hab i nachher auch glei die ganze Sache mundgerecht gmacht, und der hat dann auch nichts anderes mehr gewußt. Das Militär, hab i verlangt, muß telegrafisch rückbeordert werden, denn wenn die trotzdem kommen, dann wird das eine wütende Schießerei geben. Das hat man dann auch gemacht. Es hätte Brände gegeben, wenns wirklich losgegangen wäre.«

Der Bericht spiegelt, so bruchstückhaft er auch ist, vieles von der Wirrnis jener Tage wider. Deffners Erinnerung ist subjektiv, hat mit ihm zu tun. Die Fakten kann man nachprüfen. Hier geht es um die Speicherung allgemeiner Erlebnisse im Gedächtnis eines einzelnen, der dabei war und länger als fast sämtliche anderen Augenzeugen überlebt hat. So lese ich auch den Brief, den er mir geschrieben hat, um eine Frage, die ihn offenbar noch beschäftigt hat, genauer zu beantworten. Das Schreiben in zittriger, doch gut lesbarer Sütterlinschrift, stammt vom 18. Januar 1972 und gibt unter anderem folgende Auskunft:

»Ihre Frage, wieso meine Frau in den Landtag gewählt wurde, habe ich, soviel ich mich erinnere, nicht beantwortet. Vielleicht interessiert Sie dies: Meine Frau ist am 10. Dezember 1881 geboren bei Blaichach als Kind einer ledigen Dienstmagd. Die Mutter starb im Wochenbett. Der Vater verunglückte in einer Papierfabrik. Auch der Großvater war schon tot. Nur die Großmutter nahm sich des Kindes an. Als das Mädchen 13 Jahre zählte, starb auch die Großmutter. Nun kam es zu Verwandten nach Augsburg, und hier fand sie in einer Textilfabrik Beschäftigung. Eine Metallarbeiterin, deren Mann Sozialist war, befreundete sich mit ihr. Im Jahr 1900 kam eine Frau Greifenberg mit ihrem Mann, der als Faktor in deren literarischem Institut tätig war, nach Augsburg. Diese Frau war Sozialistin. Sie gründete hier einen Frauen-und-Mädchen-Bildungsverein. Diesem traten in der Gründungsversammlung meine spätere Frau und ihre Freundin bei. 1902 lernte ich meine Frau in einer Textilarbeiterversammlung kennen, und wir heirateten im gleichen Jahr. Als die Frau Greifenberg 1905 zur Vertrauensperson Sozialistischer Frauen für Bayern gewählt wurde, trat sie vom Vorsitz des Augsburger Vereins zurück. An ihrer Stelle wurde meine Frau gewählt. Sie hatte guten Erfolg, denn 1908, als die Frauen und Jugendlichen sich politisch betätigen durften, konnte sie mit ihren 200 Frauen und Mädchen in den Sozialdemokratischen Verein übertreten. Als ich 1910 Bezirksleiter für den Textilarbeiterverband im südlichen Schwaben wurde, hatte ich in ihr eine gute Gehilfin. Sie nahm sich hauptsächlich der Agitation unter den Frauen an. Als ich 1917 und 1918 Militärdienst leisten mußte, führte sie allein die Geschäfte. Unser Bezirk umfaßte in 13 Orten 18 Betriebe, die Zahl der weiteren Mitglieder war sehr gestiegen. Genaue Zahl kann ich nicht mehr angeben. Doch als ich 2 Jahre später Vorsitzender der Textilgewerkschaft für Bayern wurde, konnten aus meiner einen Geschäftsstelle drei gemacht werden. 1919 wurden in unserem Bezirk (für den Landtag) drei Kandidaten aufgestellt. In Kempten, in Lindau und in Immenstadt/Sonthofen – dort meine Frau. Alle drei Kandidaten wurden gewählt. Es war eine bittere Zeit für meine Frau. Es war die Zeit der politischen Morde, der Räterepublik. Nach dem Mord von Kurt Eisner flammte die Revolution erneut auf. Zunächst wurden die Abgeordneten nach Haus geschickt. Meine Frau benützte gleich den nächsten Zug, der nach Augsburg fuhr. Aber als der Zug nach Maisach kam, blieb er stehen. Die Bahnarbeiter streikten. Sie mußte mitten in der Nacht die 25 Kilometer bis Augsburg alleine zu Fuß zurücklegen. Bei der nächsten Wahl ließ sie sich nicht mehr aufstellen, sie mußte sich ihren Kindern und ihrem Haushalt widmen. Ich war als Gewerkschaftsvorsitzender für ganz Bayern selten zu Haus.«

Man bedenke, daß dieser Brief von dem hundertundeinjährigen Deffner stammt – einem Mann, der sein Leben lang das war, was man heute *selfmade* nennt. Ob er von der großen Aussperrung der Metallarbeiter 1922 oder von seiner Rede neunundvierzig Jahre später vor der SPD-Bundestagsfraktion spricht – da ist Leben, Sachlichkeit und nüchterner Menschenverstand. Bonner Parlamentarier des Jahres 1971 berichten, es sei eine Kampfrede gewesen und der Beifall gewaltig. Es gibt Fotos, auf denen Deffner neben Willy Brandt steht, redend, die Hand erhoben mit der geballten Faust, als sei die Opposition der Amboß, auf den sie gleich fallen wird.

So redete Wilhelm Deffner auch, als ich ihn im Oktober 1972 wiedertraf. Das war in Lindau, an einem noch sommerwarmen Nachmittag. Der alte Herr machte Ferien in einem Seniorenerholungsheim. Dort hatten ihn Jungsozialisten aufgestöbert. Nun kamen wir, Blumen in der Hand, um ihn zu bitten, am Abend desselben Tages – es war ein Samstag – auf unserer Wahlversammlung zu sprechen. Die Oberin führte uns in einen Empfangsraum mit Ledersesseln. Das Fenster ging auf den Bodensee hinaus, dessen Wasser silbrig in der Sonne glitzerte. Die Jungsozialisten waren aufgeregt, einem über Hundertjährigen zu begegnen, von dem sie gehört hatten, daß er neulich auf einer Wahlkundgebung Willy Brandts in Friedrichshafen nach einem kurzen Auftritt von Tausenden mit Ovationen bejubelt worden war.

Deffner kam herein, blinzelte mit den kleinen Augen. Wie alte Leute oft, hatte er einen Augenblick Mühe, sich zu orientieren. Dann entdeckte er mich in der Runde und nahm mich als Haltepunkt. Ja, wann das denn sei und wie lange er reden solle. Aber abholen müsse man ihn. Ob die Oberin ihn abends noch freigäbe? Die nickte, und die Jungsozialisten umringten ihren Prachtarbeiter, der ein Jahrhundert zwar nicht in die Schranken gefordert, doch überdauert hatte – ganz so, als hätte er eben etwas Vertrauliches von Karl Marx persönlich übermittelt. Am

Abend brachten sie Uropa Deffner dann im Triumphzug ein.

Die Versammlung fand in einem Gasthof an der Straße nach Rehlings statt. Das Naturereignis eines so hohen Alters wurde auch hier bestaunt – mehr aber noch die Klarheit, mit der Deffner sprach. Nun waren die Rollen vertauscht, jetzt war ich der Kandidat. Wie so oft in seinem Leben trat er vor die Wähler hin und hielt ihnen eine politische Predigt.

»Der Kandidat hat in seiner Vorstellung richtig gesprochen«, sagte er mit einem Blick auf mich. »Aber ich muß ihm und der Versammlung doch sagen, der Kandidat hat auch einen Fehler gemacht. Er war nicht eindeutig, nicht radikal genug. Wir alle sind – der eine auf diese, der andere auf jene Weise – Arbeiter. Für Arbeiter gibt es aber nichts anderes als die Gewerkschaften und die SPD. Wenn Sie Deutschland, wenn Sie unserer Sache am 19. November den richtigen Dienst tun wollen, dann müssen Sie die Sozialdemokraten wählen. Der hier ist der sozialdemokratische Kandidat, also müssen Sie ihn wählen.«

Dreiviertel der Versammlung stimmte lebhaft zu. Für Deffner war das in der Tat eine unwiderlegliche Sache. Es hatte nie etwas anderes für ihn gegeben, ja, es existierte nichts anderes für ihn als diese gemeinsame gute Sache und deren Feinde. Er war ein Sozialist, der noch in der Kampfzeit der Arbeitervereine gelernt hatte. Das nahm er mit in die auf andere Weise komplizierte Gegenwart.

»Und wenn da einige von Inflation reden«, rief er, »ich weiß, was die Inflation war. Ich habe sie miterlebt und manche von den Älteren unter Ihnen auch. Inflation – das hieß: im November 1923 für eine Billion wertloser Papiermark eine Rentenmark bekommen. Das hieß: Ausbeutung durch Riesengewinne der Spekulanten und Großunternehmer und eine total verarmte Arbeiterklasse. Nein, komme mir keiner und sage, wir haben heute eine Inflation!«

Deffner setzte sich hinter seinen Bierkrug und ließ sich von den Jungsozialisten feiern. Hier, in diesem Augenblick war die Brücke zwischen der neuen Generation der Sozialdemokraten und den marxistischen Gründern der Partei geschlagen. Es war, so schien es, die einfachste Überwindung des Godesberger Programms, das die regierenden Sozialdemokraten dennoch so dringend brauchten wie die Koalitionsfähigkeit einer breiten Volkspartei. Die Jungsozialisten und Deffner hatten einander gesucht und gefunden: in einer begeisterten und begeisternden Vereinfachung. Wer mochte da nicht mithalten und am liebsten ebenso eindeutig sein? Aber man schrieb das Jahr 1972. Es war nicht mehr die Welt der alten Sozialisten. Es war eine Gegenwart, in der man um die wiedererweckte Idee eines demokratischen Sozialismus rang, auf dessen freiheitliche Verwirklichung kein Land der Erde verweisen konnte. Wilhelm Deffner hatte immer eine konkrete Utopie besessen.

War dieser Mann ein Vorbild? Er war einer, der für eine Vielzahl von Namenlosen einstand, spät zu ungeahntem Ruhm in der Partei gekommen durch das außergewöhnliche Faktum seines mehr als biblischen Alters. Aber diese Lebensbilanz war gedeckt durch eine Summe sozialkämpferischer Erfahrung, die sie doppelt bemerkenswert machten. Jetzt brachten die Zeitungen immer wieder Fotos von ihm und die bemerkenswerten Daten aus seinem ungemein deutschen Lebenslauf. Wilhelm Deffner, ein bayerischer Schwabe, ein einzigartig gewordener Jedermann.

Von der Konzertagentur »West« zur Wahlkampftournee

Mit Günter Grass auf Reisen in Bayern – ein Rückblick

Ist man jemals dem Aspekt nachgegangen, daß Günter Grass in seinem Romanerstling bruchstückhaft auch eine Art vorweggenommener Autobiographie geliefert hat? Der über Land trommelnde Oskar Matzerath mit seinem Blechinstrument kann, zumal gegen Schluß der Geschichte, sobald er im Dienst der Konzertagentur »West« steht, als Metapher für manche Vorgefühle des politischen Wahlkampfreisenden angesehen werden: Initiativen hier und da. Es liegt ihm im Blut, im Spaß und im Ernst.

Wer Grass lesend kennenlernte, aus der Romandistanz, und ihn erst später bei der ›Gruppe 47‹ und im Kreis der Wählerinitiative traf, hatte Anlaß darüber nachzudenken, wie viele Übereinstimmungen und welche Kontraste es im Schreiben und im politischen Handeln des Günter Graß gibt.

Er hatte mich am 8. Juni 1969 im Anschluß an die Gründerversammlung des Verbands deutscher Schriftsteller, des VS, im Kölner Gürzenich aufgefordert, gleich anderen Autoren an der Sozialdemokratischen Wählerinitiative mitzuarbeiten. Soeben hatte Heinrich Böll für die Schreibenden in der Bundesrepublik das »Ende der Bescheidenheit« gefordert, und Grass hatte den Schriftstellern zu etwas ungemein Nüchternem, nämlich zum Anschluß an die Industriegewerkschaft Druck und Papier geraten. Wir saßen im Kellerrestaurant des Hauses und feierten einen einigermaßen genauen Beginn. Damals stand gerade der Wahlkampf zum 6. Deutschen Bundestag bevor. Mit Hilfe der Liberalen war Gustav Heinemann vor kurzem in Berlin zum Bundespräsidenten gewählt worden. Das war das Signal für einen möglichen Machtwechsel im kommenden Herbst.

»Machen Sie was für die zweite Nummer unserer Wahlzeitschrift ›dafür‹«, sagte Grass. »Am besten über Hausfrauenprobleme, Mitbestimmung der Frauen in den Betrieben und überhaupt – da brauchen wir noch jemanden.«

Ich stimmte zu. Wolf Marchand, der Grass begleitete – er arbeitete damals im Bonner Büro der Initiative –, notierte adjutantenhaft einen Termin. Von da an gehörte ich zu diesem Kreis politischer Amateure mit besten Absichten und begrenztem, aber nicht selten wirkungsvollem Repertoire. Sie besaßen mehr Freimut und ungleich mehr Eigenwilligkeit, als ich es mir von irgendeiner Parteigliederung vorzustellen vermochte. Dafür blieben sie, was Einfluß in der Politik anbelangt, zumeist auf Schriftstellerweise draußen vor der Tür.

Die Initiative und ihr Initiator erschienen mir unverwechselbar. Unter anderem gerade deswegen, weil sie nach einem Prinzip handelten, das damals – in den Jahren der Außerparlamentarischen Opposition – vergleichsweise unzeitgemäß wirken mochte, vermutlich jedoch zeitlos ist: Einige namhafte Buchautoren, Journalisten und Schauspieler liehen ihre Popularität der gemeinsamen Sache, sorgten für volle Häuser und Pressespalten. Auf diese Weise brachten sie die Aktivitäten der übrigen Mitglieder erst in eine aussichtsreiche Position und vervielfachten damit den Aktionsradius der Initiative in Metropolen und Provinzen.

Der Nachteil: Die Sozialdemokratische Wählerinitiative blieb allzu ausschließlich angewiesen auf das Engagement und Durchstehvermögen ihres Gründers – auf Günter Grass und wenige andere (Günter Gaus, Siegfried Lenz, Thaddäus Troll, zeitweise Heinrich Böll). Diese Abhängigkeit von der Person, von Ausnahmeerscheinungen ist auf allen Treffen der Wahlkampfgruppen diskutiert worden. Abhilfe kam nie in Sicht. Die Öffentlichkeit besitzt ein Organ für den exemplarischen einzelnen, nicht nur für Tagesprominenz im wohlfeilen Sinn. Im übrigen war es Graß, der die Einsicht, daß er in dieser Zweckgemeinschaft schwer oder gar nicht ersetzbar war, mit zunehmenden Ausbruchsversuchen quittierte und nach Stellvertretern oder gar Nachfolgern Ausschau hielt. Allerdings sollten sie nach seinem

Geschmack sein. Wie widersprüchlich dieses Bestreben war, davon sollte ich mehr erfahren, als die bayerische Wählerinitiative mich zu einer Wahlreise mit Grass entsandte.

Im Herbst 1970 kam er nach Bayern für den Landtagswahlkampf. Der Termin des Wahlsonntags, der 22. November, fiel mit dem Abschluß des ersten Schriftstellerkongresses des VS in Stuttgart zusammen, wo Willy Brandt am Vorabend in der Liederhalle vor Böll, Grass und Walser die Hauptrede hielt. Er war der erste Bundeskanzler, der zu den Schriftstellern kam. Grass hatte seinen Teil dazu beigetragen, natürlich sprachen wir unterwegs im Wahlkampf immer wieder über das bevorstehende Ereignis. Auch der Schriftstellerverband war eine Bürgerinitiative auf der Basis der Freiwilligkeit – der Unternehmungsgeist hier und die Spontaneität dort waren schwerlich voneinander zu trennen.

In achtzehn bayerischen Landtagswahlkreisen hielt der Autor der »Blechtrommel« im Laufe von zehn Tagen fast drei Dutzend Versammlungen, darüber hinaus eine Vielzahl von Rathausbesuchen und Pressegesprächen ab. Grass war routiniert geworden, doch kein Routinier. Er war ein schreibender Redner, der den Stegreif liebte. Kein Zwischenrufer, den er nicht in seinen Argumentationsgang einspannte. »Die Säle, in denen ich auftrat, faßten tausendfünfhundert bis über zweitausend Personen« – was Oskar Matzerath für sich beansprucht hatte, heimste der Ruhm seines Erfinders jetzt scheinbar spielend ein. »Denn meine Tournee war ein Geschäft. Als ich zurückkehrte und mit Dr. Dösch abrechnete, stellte sich heraus, daß meine Blechtrommel eine Goldgrube war« – so hatte der Autor es einst in Paris zu Papier gebracht, als er im Hauptberuf noch Graphiker war und den Franc herumdrehte. Sie zahlte sich jetzt freilich in politischer Münze für die Es-Pe-De aus, die der Brandt-Freund und Wahlberliner aus Danzig 1965 noch in Walt Whitman'schen Rhythmen besungen hatte. Inzwischen redete er Prosa, mit Fakten gespickt. Er besaß das politische Fachwissen eines mittleren Bundestagsabgeordneten.

Zunächst war Grass im Raum Aschaffenburg von Martin

Morlock begleitet worden, dann machte bis Erlangen Kurt Sont-
heimer den Vorredner, ab Regensburg übernahm ich die Staf-
fette. Die Atmosphäre war überall durch reaktionäre Umtriebe
angeheizt. In Würzburg hatte es Schlägereien zwischen der »Aktion Widerstand« und jungen Demonstranten gegeben. Der immer noch ungekrönte Franz Josef Strauß hatte nichts versäumt,
um Emotionen aufzuwiegeln. »Wir lassen uns Kritik gern gefallen, aber nicht von Ungewaschenen und Verdreckten«, so hatte
er 1968 auf dem Aschermittwochstreffen der CSU im nieder-
bayerischen Vilshofen getönt. Die nach seiner Meinung Verdreckten hatte er mittlerweile in den politischen Zoo seiner Ein-
bildungskraft als »Tiere« eingesperrt. Motto: »Wem es hier nicht
paßt, der kann rausgehen aus Deutschland.«

Mit Grass auftreten, das hieß erleben, wie literarische Publizität zum Politikum wird. Es hieß, Energiefelder einer öffentlichen
Neugier und Sensationslust, eines spektakulären Ovationsbe-
dürfnisses und freigesetzter Aggression mitzuertragen und sich
manchmal davon tragen zu lassen. Es hieß schließlich beobachten, wie Ruhm dem Berühmten eine Rolle aufzwingt, mag er sich
wehren oder nicht.

Der schnauzbärtige Autor da droben am Rednerpult, damals
noch mit kurzem Haar, scheinwerfergewohnt, ungezwungen in
Cordjacke und farbigem Hemd, mit sparsamen Rednergesten
und immer ohne Manuskript, nur einen Zettel mit wenigen
Stichworten vor sich – Grass brachte es scheinbar mühelos fertig,
die Menge in einem verräucherten, bierdunstigen Saal auf sich zu
konzentrieren. Wie die meisten politischen Redner hatte er sich
einen Standardtext zurechtgedacht und änderte den Vortrag je
nach der vorgefundenen Situation in Länge und Schwerpunkten,
versetzt mit einigen kommunalen Bezügen, mit denen er sich
kurz vor Beginn im Gespräch mit örtlichen Sozialdemokraten
vertraut machte. Wer ebenfalls zu reden hatte, konnte von ihm
lernen.

Sein Thema war der Kernsatz aus Artikel 14 des Grundgesetzes: »Eigentum verpflichtet.« Die Forderung nach der Sozialbindung des Besitzes paukte er der Versammlung ein mit jener

halbdifferenzierten, auf einfache Bilder, Gags und einprägsame Formulierungen angelegten Sprache, ohne die kein Massenredner sich auf einige Dauer Gehör verschafft. Ich vergesse nicht das Staunen des Ortsvereinsvorstands, wenn Grass in Traunreut oder Memmingen, wo normalerweise die SPD-Veranstaltungen mit fünfzig bis hundert meist parteibuchbewaffneten Zuhörern dahinvegetierten, tausend Zuhörer auf die Beine brachte. Etwas Glanz der Blechtrommel fiel ins hinterste Unterbezirksbüro.

Entdeckte Grass seine Schwäche für die Provinz? Natürlich kamen viele, gerade in ländlichen Einzugsgebieten, um den Mann zu sehen, der in seinen Büchern angeblich Schweinkram geschrieben hatte. »Katz und Maus« hatte die Jugend unter der Schulbank gelesen. Oskar mit seinem Brausepulver, der Scheibenzersinger und Danziger Kleinbürgertrommler, hatte auch manche Erwachsenen-Phantasie mächtig aufgewühlt. Was für Zeiten, in denen ein Grass in Verdacht geraten konnte, ein Pornograph zu sein! Jetzt redete der da gar nicht kaschubisch, sondern hochdeutsch über Schulmisere und Zugang zu Seeufern. Mit der SPD, für die er eintrat, ging er mild ins Gericht.

»Ein Sozialdemokrat«, sagte er mit Vorliebe unter dem Gelächter selbst der Genossen, »ist jemand, der nicht an seine Leistungen, sondern an seine weitergehenden Resolutionen glaubt.« Oder: »Wir wissen, daß auch die SPD mit Kurzsichtigkeit und Mittelmäßigkeit zu kämpfen hat – sie muß Ballast abwerfen.« Oder: »In unserem Fall gilt die Skepsis sowohl der Bereitschaft des Bürgers, den Freiheitsraum des Grundgesetzes wirklich auszunutzen als auch dem Willen der SPD, ihren hohen Anspruch, Volkspartei zu sein, wirklich in die Praxis umzusetzen.«

Mit solchen Überzeugungen verschaffte er sich Aufmerksamkeit und Kredit bei der Mehrheit der Zuhörer, denn wer unter den Anwesenden außer ihren eingeschworenen und eingeschriebenen Mitgliedern hielt schon eine der vorhandenen Parteien für wählbar im Sinn voller Übereinstimmung mit den eigenen Vorstellungen?

Graß war unbequem. Er, der die Konfrontation mit den im Ruhrgebiet besonders rührigen DKP-Gruppen nicht gescheut

hatte, wandte sich vor allem auch gegen jede Art von Staatsver-
drossenheit in intellektuellen Gruppen. Jenen, die sich vom
Bonner Regierungswechsel vor einem Jahr schier wunderbare
Veränderungen erwartet hatten und nun enttäuscht waren, den
Resignierten auf ihrer neuerlichen Flucht nach innen rief er zu:
»Es wird hiergeblieben. Der Staat sind wir. Es wird nicht abge-
splittert – die Schmollwinkel bleiben leer.« Natürlich erlag auch
dieser Redner, wie wohl jeder leidenschaftliche Wahlkämpfer,
mitunter der Suggestion des eigenen Wollens.

Wenn ich meine Notizen von unserer damaligen Reise her-
vorkrame, gerät mir vielerlei in die Hand. Ein Zeitungsausschnitt
aus dem ›Regensburger Stadtanzeiger‹ etwa, der am 4. November, einem Mittwoch, den dreispaltigen Aufmacher brachte:
»Günter Grass verteufelt das Fürstenhaus.« Im fettgedruckten
Teil des Berichts heißt es dann: »Den Krupp-Erben zog er durch
den Kakao, den Fürsten von Thurn und Taxis verteufelte er, die
Bildungspolitik der bayerischen CSU nannte er ›katastrophal‹:
Günter Grass entfachte auf einer Veranstaltung der Bayerischen
SPD-Wählerinitiative im überfüllten Neuhaussaal ein Trom-
melfeuer gegen die CSU und das Bürgertum...«

Ich schlage wieder unsere Wahlkampfzeitung, das ›BLATT
für alle Leute‹ vom 2. November 1970 auf. Fast jeden Abend kam
Raimar Allerdt, der damals die Wählerinitiative in Bayern orga-
nisierte, von München angebraust und brachte ein Auto voll
Nachschub-Nummern. Einige der bestinformierten und
schreibgewandtesten Journalisten aus der bayerischen Metro-
pole hatten daran mitgearbeitet. Die CSU hatte nichts dergleichen zu bieten. Da prangte zum Beispiel auf der ersten Seite die
ironische Meldung: »Nach seiner Rückkehr aus Amerika erklärte der CSU-Vorsitzende Franz-Josef Strauß dem Münche-
ner Journalisten Franz Schönhuber (›Abendzeitung‹), er habe
mit dem amerikanischen Präsidenten ›volle Übereinstimmung in
allen weltpolitischen Fragen‹ erzielt. – Nach Auskunft gutinfor-
mierter Kreise war Franz-Josef Strauß vier (4) Minuten bei US-
Präsident Richard Nixon.«

Übrigens hatten die Christsozialen eigens einen Bus mit jungen Wahlhelfern losgeschickt, der uns überallhin folgte, von Regensburg nach Ingolstadt und ins schwäbische Bayern. Jeden Abend, wenn wir die Versammlung eröffneten, konnten sie uns wie der Igel dem Hasen in Buxtehude zurufen: Ick bün all da. Am Eingang verteilten sie ihre feudalen Prospekte und warteten in der Diskussion mit immer denselben Störfragen auf. Wir kündigten das meist schon von uns aus an und hatten unseren Spaß mit ihnen, besonders mit den Mädchen, die CSU-Schilder auf ihren Pullovern an viel zu bevorzugter Stelle trugen.

Überhaupt das Drumunddran einer solchen Wahlreise! Nach den Diskussionen fand man nie ins Bett. Immer gab es ein Hotelrestaurant mit langen Tischen und dem regionalen Bier. Grass gab Autogramme, er war unermüdlich; redend und Zigaretten drehend, redend und rauchend überrundete er die Kirchturmuhren. Wo er saß, war der Mittelpunkt. Es gibt einen Stress, der nicht erschöpft, sondern vitalisiert. Unterwegs im Audi 60 mit einem erzsozialdemokratischen Fahrer sprachen wir manchmal über die Nebenwirkungen. Ob bei der Besichtigung der Goldschmiedewerkschule in Neugablonz oder mit Schulklassen in Marktoberdorfs Stadttheater, ob beim ›Spiegel‹-Interview im Ingolstädter Hotel Rappensberger oder in der gemeinsamen Redeschlacht mit dem Landtagskandidaten Peter Glotz in einer Dorfkneipe bei Fürstenfeldbruck (zuvor hatten wir der strapazierten Stimmbänder wegen bei einem Apotheker mit Mallebrin um die Wette gegurgelt) – nein, überanstrengt war Grass keineswegs. Spätestens damals kam ich zu der Meinung, die ich dann zu einem der Wahlsprüche in meinem eigenen Bundeswahlkampf 1972 im Allgäu machte: Politik soll auch Spaß machen, im Ernst.

Auch Grass sprach in diesem bayerischen Landtagsgang ein paarmal davon, er schließe eine Kandidatur zum Bundestag für sich keineswegs aus. Zweifellos aber war es richtig, daß er dieser immer wieder einmal aufkommenden Neigung nicht nachgab. Er verlöre dadurch wahrscheinlich seine unvergleichliche Position. Mag es ein fast schon geschmäcklerisches Spiel mit dem Zögern sein, daß er der SPD nicht beitritt; jedenfalls betont er dadurch seine Unabhängigkeit in einem nahezu dokumentarischen Akt der Verweigerung. Parteigliederungen sind auch Rudel mit gruppendynamischer Eigengesetzlichkeit. Der Individualist büßt bei der Eroberung der Basis immer einen Teil seiner Wirksamkeit ein. Ich glaube, es bleibt dabei: draußen kann Grass sich vernehmlicher machen als drinnen.

Daß er es überhaupt erwog, einer von 518 Abgeordneten zu werden, hat manchen Kenner des Parlaments verwundert. Anderen erschien schon die bloße Spekulation als Flucht aus der Literatur. Spricht es aber nicht gerade für die vollständige Ernsthaftigkeit seines politischen Engagements auf Dauer? Zwischen Schreiben und Reden, Schreibtisch und Straße, zwischen Zurückgezogenheit und überfüllten Sälen liegen alle Dimensionen möglicher Konflikte. Nicht der geringste besteht im Reibungsverlust der Idee an der Wirklichkeit. Die Wählerinitiative lebte, unter anderem, von diesen permanenten Widersprüchen.

Als wir nach einem Pressegespräch in München in Traunreut die letzte Versammlung dieses Wahlkampfs hinter uns gebracht hatten, fragten wir uns: Was war erreicht? Gewonnen waren vielleicht Bruchteile hinter dem Komma. Alles Politische besitzt seine eigene Mathematik.

Ein halbes Jahr später, am 23. März 1971, begleitete ich Grass, als er auf Einladung Herbert Wehners in Bonn vor der sozialdemokratischen Bundestagsfraktion eine Rede hielt. Er wollte einlösen, was er den Wählern versprochen hatte, das kritische Weiterargumentieren auch während der Legislatur. An der intensivsten Stelle seines Referats sagte Grass:

»Ich kenne den Einwand: der Bundeskanzler führe das Kabinett zu nachsichtig-liberal. Ich teile diesen Einwand und gestehe meinen Ärger, wenn klärende und deutliche Worte ausbleiben. Aber Willy Brandt ist nun einmal ein Sozialdemokrat, dem Toleranz nicht nur ein Lippenbekenntnis ist. Und weil er so ist, wurde und wird in ihn Vertrauen gesetzt. Und weil er so ist, dürfen wohl vierzehn Millionen sozialdemokratische Wähler erwarten, daß sozialdemokratische Minister und Abgeordnete in der Lage sind, die Toleranz als Autorität zu respektieren.«

Grass ließ nicht locker, er hatte es auch seitdem nicht getan. Anders als Oskar Matzerath, seine literarische Spielfigur, führt keine Rolltreppe ihn ins Unermeßliche. Der Politiker, der in diesem Schriftsteller steckt, bleibt auf dem Boden. Durch sein Tagebuch kriecht zäh die Schnecke, Symbol des Reformtempos, und stellt alle Beteiligten auf die große Geduldsprobe mit Namen Realität.

Wie zeitgemäß ist Toleranz?

Übungsplätze für jedermann: Familie – Beruf – Gesellschaft

»Ihr hattet es leichter«, sagte ein Jurastudent, zweiundzwanzig Jahre alt, zu seinem siebenundvierzigjährigen Vater. »In eurer Jugend hattet ihr einen mächtigen Gegner: die Diktatur.«

»Wäre die Diktatur nur der *Gegner* gewesen«, antwortete der Vater. »Viel zu lange haben wir gehorcht.«

Dieses Bruchstück aus einem häuslichen Dialog könnte sich in Varianten an vielen Orten in der Bundesrepublik ergeben. Der Erfahrungsaustausch zwischen den Generationen verläuft Mitte der siebziger Jahre einmal mehr in paradoxen Gegensätzen: Während die Väter eine Jugend lang strammstehen mußten und daraus als Erwachsene häufig genug die Konsequenz zogen, daß viele von ihnen liberale und tolerante Leute wurden, sehen sich die Söhne, meist freizügig aufgewachsen, von einem Unabhängigkeitsverlangen angetrieben, das in sich zum Problem wird. Trotz Numerus clausus und vorübergehend beschränkteren Ausbildungsmöglichkeiten für eine begrenzte Zahl von Jahrgängen sind die individuellen Wahlmöglichkeiten und die Verfügbarkeit von Lebenschancen im internationalen Maßstab ohne Vergleich zu früheren Epochen. Vermutungen liegen nahe, wie wiederum jene als Herangewachsene reagieren werden, die als Kinder junger Eltern der außerparlamentarischen Opposition in antiautoritären Kinderläden groß wurden.

Die Tatsache, daß Zwang das Freiheitsbegehren und Freiheit zuweilen die selbstgewollte Unterordnung unter zwangvolle Verengungen des Denkens und Handelns hervorruft, ist widerspruchsvoll genug. Zumal sich aus dieser so allgemeinen wie einseitigen Erfahrung eben keinesfalls folgern läßt: also werde der von Erziehern geschundene Mensch ein freier Erdenbürger, und der in der Jugend außergewöhnlich durch Freiheitsspielraum

Geforderte neige später um so eher zur Flucht in ideologische Sklaverei.

Jener eingangs zitierte Vater hörte eines Tages seinen zweiten Sohn in einer Befragung des Jugendfunks antworten, in der es um Söhne und Väter ging. Wie sein alter Herr gewesen sei, wollte man wissen, ob streng oder tolerant. Ziemlich liberal, kam die Auskunft, aber gerade das sei nicht einfach gewesen. Und dann wörtlich: »Manchmal wäre mir ein Vater von unbeholfener Autorität lieber gewesen.«

Grund zum Nachdenken auf Dauer. Jedenfalls liefert das Dasein des Durchschnittsmenschen Testfälle für tolerantes oder intolerantes Verhalten gleichermaßen deutlich in allen drei Ebenen: in Familie, Beruf und Gesellschaft. Dabei gibt es schwerlich eine Theorie, die nicht durch Praxis korrigiert wird, und selten eine Praxis, die nicht der Theorie bedarf.

Toleranz, von der so viel gesprochen und nach der so wenig gehandelt wird, ist für mich in erster Linie Duldsamkeit gegenüber Verhaltensweisen und Überzeugungen, die man nicht zu teilen vermag. Ohne Toleranz ist Demokratie undenkbar, deswegen sind intolerante Forderungen nach Demokratisierung ein Widerspruch in eigener Sache, den politische Gruppen freilich einkalkuliert haben, solange es die Idealvorstellung der Toleranz gibt. Jedenfalls vermag ich jene selbstdisziplinierte Humanität, der Toleranz gelingt, nur als eine Leistung der Freiwilligkeit zu sehen, nicht zu verwechseln mit richtungslosem Gewährenlassen von allem und jedem aus Gleichgültigkeit, Unkenntnis psychologischer Voraussetzungen oder Resignation.

Toleranz ist etwas Aktives, ein Wagnis, unter anderem eine Frage der Kraft wie der inneren Freiheit, die sich von modischen Einschätzungen freihält. Losgelöst von persönlicher Zweckerwartung ist sie bezogen auf das Gegenüber, sei es ein einzelner oder eine Gruppe. Weil sie das Selbstwertempfinden in Frage stellt, erfordert Toleranz immer auch ein Volumen an persönlicher Gelassenheit. Und weil sie zur mißgünstigen Auslegung viel Gelegenheit bietet, nimmt es keineswegs Wunder, daß gängige

Meinung tolerantes Verhalten immer von neuem mit Schwäche verwechselt, ja als Schlappheit denunziert.

Wo sitzt, fragt sich der selbstkritische einzelne, meine Reizschwelle für Intoleranz? Wie kann ich sie wenigstens teilweise durch das Vorausdenken üblicher Konfliktsituationen überwinden? Befangen im Sittenkodex abendländischer Überlieferung, wissentlich und unbewußt abhängig von gesellschaftlichen Tabus, die jede Toleranzvorstellung relativieren, in Achtung vor Konfessionen und nicht unbeeindruckt durch die christliche Toleranzidee namens Demut erreiche ich bestenfalls Annäherungswerte an das, was mir vorschwebt.

Am Modell Familie, dieser privaten Generationsgemeinschaft mit beschränkter Haftung durch Verwandtschaft, läßt sich Toleranz, meine ich, am persönlichsten ablesen, und zwar bedeutet sie häufig etwas anderes in der zeitlichen Vertikalen von Großeltern zu Eltern und Kindern als in der Horizontalen unter Geschwistern und Freunden angesichts der strapazierfähigen Kommunikation zwischen mehr oder weniger Gleichaltrigen.

Große Probleme sind, wie man weiß, oft die Summe kleiner Versäumnisse. Wann beginnt Toleranz vernünftigerweise im Verhältnis zum Lebensalter? Duldsamkeit, versteht sich, von seiten der Älteren als eine Art Vorleistung zum Chancenausgleich für Jüngere. Von den Nachkommen braucht ohnehin keiner so leicht Formen der Toleranz zu erwarten: sie strotzen von vitalem Wachsverlangen und haben natürlich bis in ziemlich fortgeschrittene Jahre zuerst sich im Sinn. Toleranter ist gewöhnlich der Reifere: In der Regel hat die jeweilig mittlere Generation das gegenüber der Jugend wie dem Alter zu praktizieren. Erst bringt man seine Kinder groß, dann bringt man die Alten unter die Erde, und schon ist man selber alt.

Ist die Vierjährige, die beim Zuruf der Mutter vom Küchenfenster selbst mitentscheiden darf, wann sie aus der Sandkiste vom Spielplatz in die Etagenwohnung zurückkehrt, mit diesem ersten Schritt unterwegs zur paritätischen Mitbestimmung? Bei kleinen Kindern ergibt sich das pädagogisch Einleuchtende meist eher aus der Praxis als aus einem Prinzip. Warum soll die Kleine nicht noch eine Weile in der Sandkiste bleiben dürfen, wenn es ihr Spaß macht und sie die Mutter nicht bei der Arbeit behindert? Steht freilich das Essen auf dem Tisch, sollte man mit einem kleinen Kind über das Gehorchen aus praktischen Gründen nicht diskutieren. So simpel bleiben Situationen allerdings nicht lange. Deswegen lassen sie sich auch nicht hochrechnen in die komplizierter werdende Zukunft zwischen Eltern und Kindern.

Immer aber sind es konkrete Fälle und Entscheidungen der Lebensführung, in denen sich Toleranz bewährt oder als Bemühen versagt, weil die anderen, die mitbetroffen sind, oder man selber am Ende doch nicht genügend *kooperative Toleranz* aufbringt. Wohin soll eine Familie in Urlaub fahren? Wie wird ein Fest gestaltet? Wohnortwechsel, Stellungswechsel, Schule und Berufsausbildung, gemeinsame Anschaffungen und die Rollenverteilung in allem, was in einem Haushalt getan werden muß – das sind handgreifliche Notwendigkeiten, an denen sich in einer Familie herausstellt, ob autoritär oder demokratisch entschieden wird. Ob Eltern ihre Kinder ausbeuten oder umgekehrt. Nimmt man diesen privaten Bereich als kleinste Zelle der Gesellschaft, so sind Willensbildungen nach parlamentarischem Muster bis hin zu Minderheitsvoten und persönlichen Erklärungen sehr wohl durchspielbar.

Mitentscheidend ist dabei immer das öffentliche Klima der eigenen Zeitgenossenschaft. Wenn heute zum Beispiel in Elternhäusern wie in Schulen ungleich weniger als früher geprügelt wird, ist das sowohl das Resultat eines langwierigen Aufklärungsprozesses als auch Ausdruck der aktuellen Bedeutung, die auf einem Minimalkonsensus allgemeiner Toleranzanforderungen beruht. Ohne Zweifel spielen bei der Herausbildung solcher Übereinstimmungen einer großen Zahl die Massenmedien eine kaum zu überschätzende Rolle. Andererseits schleppt sich die Verwirklichung toleranter Vorstellungen von Generation zu Generation wie ein Tausendfüßler durch ein Gelände, das vorausfliegende Konzeptionen und auch gesicherte wissenschaftliche Erkenntnisse längst überwunden haben. Zwei Schritte vor, einundeinenhalben zurück. In den rückwärtsgerichteten Phasen des Pendelschwunges stehen die Reformer am Pranger und sehen sich vergebens nach ihrer gestrigen Popularität um. War alles übertrieben, was sie wollten? Das Beharrungsvermögen der Mehrheit rächt sich an den Promotoren für jede Bewegung, die sie in der Periode der Öffnung über sich selbst hinaus unternahm. Für junge Leute ist das schwer zu ertragen, ältere wissen eher um die Gesetzmäßigkeit des Pendelschlags, für den die bildungspolitische Entwicklung in der Bundesrepublik zwischen 1970 und 1977 ein eklatantes Beispiel setzt.

Übungsfeld Schule: Sollen Primarschüler Grundformen politischer Toleranz im Spiel erlernen oder sich bloß fügen? Warum protestieren so viele Eltern gegen demokratische Willensbildung, also Toleranz bis zu dem Grad, der sich im Rahmen der Schule empirisch verwirklichen läßt? Wie weit geht die Pressefreiheit nach Grundgesetz Artikel 5 für die Redaktion einer Schülerzeitschrift – 1972 oder zum Vergleich 1977? Weil unlängst die Mündigkeit mit 18 Jahren zum Gesetz wurde – werden darum wirklich Bevormundungen Vergangenheit, die bislang noch überall gang und gäbe sind?

Offensichtlich gibt es in Millionen Familien extrem unterschiedliche Meinungen über das, was in der Schule und in der Berufsausbildung das Mögliche und das Vernünftige sei. Dabei nehmen die Verteidiger des Hergebrachten ihre Position fast immer als selbstverständlich, bloß weil sie sich auf Gewohnheit und überkommene Herrschaftsverhältnisse gründet, während doch leicht beweisbar ist, daß niemand, der heute ein Schulsystem oder berufliche Ausbildungsgänge erstmalig einrichten müßte, ausgerechnet auf Methoden verfiele, die für ein längst vergangenes Jahrhundert passend gewesen sein mögen. So unlogisch verfährt der Widerwille gegen Veränderung, zusätzlich geschürt durch ideologische Polarisierung wider allgemeine Vernunft. Da alle Teufel im Dienst der wechselseitigen Verteufelung unterwegs sind, müßte die Hölle eigentlich leerstehen.

Übungsfeld zu Hause: Die sechzehnjährige Tochter hat einen festen Freund, mit dem sie schläft. Die Eltern wissen davon, ignorieren es aber. Nach herkömmlichem Recht fiele das, streng ausgelegt, unter den Kuppeleiparagraphen. Inzwischen hat die Reform des Sexualstrafrechts derlei Düsternis gelichtet und manches miefige Halbdunkel erhellt, ohne freilich schwere Abnormitäten zu bagatellisieren. Heiraten konnte die Sechzehnjährige im übrigen nach geltendem Recht mit der Genehmigung der Eltern schon lange.

Tatsache ist: Vor lauter Einschüchterung aufgrund einander widersprechender Empfehlungen seitens der Fachleute haben sich nicht wenige Eltern darauf eingerichtet, ihre Töchter und Söhne so gut wie gar nicht mehr zu erziehen, um wenigstens nichts falsch zu machen. Dagegen übersehen sogenannte moderne Eltern, die manches aktuell erscheinende Rollenschema allzu ernst nehmen, gern die kreatürliche Gegebenheit, daß Kinder eben nicht modern, sondern zeitlos sind. Weder sind sie kleine Erwachsene noch wünschen sie sich große Kinder als Eltern. Kinder erwarten, daß Eltern erwachsen sind. Warum ist so vieles in dieser menschlichen Beziehung verzerrt und verkrampft?

Der hier schreibt, will sich nicht drücken: er hat keine Weisheit parat. Mir scheint, Kennzeichen eines ziemlich verbreiteten Verhaltens im Bereich der privaten und meist laienhaften wie der öffentlichen Pädagogik ist ein Standard informierter Ratlosigkeit. Die Frage stellt sich, wieviel Objektivität subjektive Erfahrung besitzt und wieviel originales oder auch sekundäres Wissen übertragbar ist? Wer hätte unter nachdenklichen Zeitgenossen nicht erlebte Schwierigkeiten mehr oder weniger sorgfältig durch kompetente Lektüre überprüft? Wie man es als Betroffener auch anstellt, es bleibt ein Maß an Unberatenheit und Ungereimtheit, das einen freilich vom Handeln keineswegs befreit. In keinem anderen Lebensbereich bleibt man derart emotional befangen wie in der persönlichen Bindung zwischen Frau, Mann und Kindern – weswegen nicht wenige meinen: von einem gewissen Alter an seien die Eltern zur Erziehung der Erben die ungeeignetsten Personen.

Ich zum Beispiel habe mir im Rückblick einzugestehen, daß ich meinen Söhnen *zu früh* Eigenständigkeit abverlangte, unter anderem deshalb, weil die eigene Jugend mir in der Erinnerung als ein einziges, unerfülltes Verlangen nach Selbständigkeit erschien. Die Schwierigkeiten unserer Jahrgänge damals verwechselte ich mit generationstypischen Komplikationen von heute, die als Reaktion auf eine unvergleichbare Umwelt in mancher Beziehung psychologisch weit differenzierter sind. Jedenfalls haben mich meine Söhne, sie betreffend, später gründlicher informiert. Dabei wurde mir unter anderem klar, wie sehr es eigene Probleme mit sich bringt, Objekt möglicher Mißverständnisse eines toleranten Bemühens zu sein. Heutzutage schließt das für viele junge Leute immerhin ein, daß sie wissen, wie irritierbar auch die Älteren in der ihnen zugewachsenen Rolle sind. Ungebrochenes autoritäres Gebaren wirkt inzwischen eher lächerlich. Andererseits gibt es unzählige Eltern, die im Gefühl der Ohnmacht mit Sehnsucht darauf warten, daß die ihnen endlos erscheinenden Verlängerungen intellektueller Pubertät, Motivierungsprozesse und Selbstfindung bei ihren achtzehn- bis dreißigjährigen Nachkommen vorübergehen.

Demokratische Willensbildung in der Familie setzt im übrigen Toleranz, also praktizierte Emanzipation in der Ehe voraus. Das ist alles andere als eine Zielvorstellung, die nur Frauen angeht. Emanzipation wird mit Gleichberechtigung unzureichend eingedeutscht. Tatsächlich geht es eher um *entsprechende* als um dieselbe Berechtigung, denn wer wollte leugnen: es gibt Bereiche, in denen Männer, und andere, in denen Frauen rückständig sind. Wechselseitige Toleranz als Mittel der Emanzipation kann nur für beide gelten.

Hoffentlich wird das neue *Ehe- und Familienrecht,* dessen parlamentarische Verabschiedung in Bonn bei umgekehrten Mehrheiten in Bundestag und Bundesrat soviel Ingrimm und mühsame Kompromisse verursachte, ein Stück weiterhelfen dadurch, daß es das *partnerschaftliche Zusammenwirken* beider in der Lebensgemeinschaft der Ehe rechtlich hervorhebt. Zum Beispiel können Eheleute jetzt wählen, ob sie den Namen der Frau oder den des Mannes zum Familiennamen machen oder einer von beiden einen Doppelnamen führt. Frau und Mann haben das

Recht, erwerbstätig zu sein. Arbeiten beide Eheleute, so sind sie für den Haushalt in der Freizeit gemeinsam zuständig. Für Patriarchen ist das freilich das Ende ihres familiären Weltverständnisses, doch in Hunderttausenden junger Ehen wird es längst so praktiziert.

Übungsfeld öffentliche Rolle: Allerdings wirkt es immer noch aufsehenerregend, wenn junge Frauen, zumal Mütter kleiner Kinder, in den Bundestag einziehen. Solange es unter 518 Parlamentariern nur 35 weibliche gibt, und von diesen Frauen nur ein halbes Dutzend im Alter der Jugendorganisationen ihrer Parteien steht, wird sich daran wenig ändern. In diesem Bereich erscheint Toleranz von Männern gegenüber Frauen nur gelegentlich in der Eigenschaft eines Gerüchts.

Dennoch wirkt die öffentliche Auseinandersetzung um die Grundrechte, um Meinungsfreiheit und Selbstbestimmung auf die persönliche Sphäre zurück. Bei den zahlreichen Problemen, die eine durchschnittliche Familie heute durchzustehen hat, von den Schulnöten bis zum Numerus clausus und zur Sorge um den Ausbildungsplatz für Töchter und Söhne, von Raummangel und nervöser Verbraucherumwelt bis zur Überreizung durch Lärm, Gedränge und Verkehr, von den häuslichen Auswirkungen beruflicher Spannungen bis zur Angst vor Arbeitslosigkeit, von der Sorge um Gesundheit und Vorwärtskommen bis zu den niemals ausbleibenden Konflikten in der Ehe und zwischen den Generationen – insgesamt, meine ich, läßt sich feststellen, daß bei allen diesen Daseinsäußerungen sich um einige Grade demokratischere Spielregeln gebildet haben als in den vorangegangenen Jahrzehnten.

Anders als in der Weimarer Republik ist die Demokratie als Lebensform in der Bundesrepublik bis zu einem gewissen Grad selbstverständlich geworden. Dabei haben die Informationsvielfalt und die Fülle öffentlich diskutierter Auffassungen, die in allen widersprüchlichen Positionen zugänglich sind, eine toleranzstabilisierende Wirkung. Kennzeichnenderweise bewährt sich das aber in der privaten Umwelt bisher spürbarer als im beruflichen Milieu. Toleranz als Mittel demokratischer Willensbildung scheint sich vorerst in der Freizeit eher zu verwirklichen als in der Arbeitswelt – gleich ob einer Arbeiter, Angestellter oder Beamter ist: allein schon diese festgeschriebene Dreiteilung, die an das preußische Dreiklassenwahlrecht der Kaiserzeit erinnert, ist vom Prinzip her intolerant.

Gewiß gibt es einige publik gewordene Beispiele für von Unternehmern freiwillig eingerichtete Mitwirkungsmodelle im privatwirtschaftlichen Bereich, wie zum Beispiel in der Rosenthal AG in Selb. Ihre Entsprechung finden sie in den Redaktionsstatuten einiger Medienkonzerne. Wie sich der Mitbestimmungskompromiß, der Parität zwischen Kapital und Arbeit strikt vermieden hat, in der Praxis auswirken wird, bleibt abzuwarten. Sofern Toleranz in der Wirtschaft wie in Behörden im Spiel ist, ist es eher eine Toleranz von Person zu Person als eine Toleranz der Statuten. In aller Regel ist in den Betrieben der Unternehmer noch der Boß und in den Beamtenhierarchien der jeweilige Vorgesetzte die Verkörperung des autoritären Prinzips. Auch die neue Betriebsverfassung und das Personalvertretungsgesetz haben daran bisher nur graduell, nicht grundsätzlich etwas zu ändern vermocht.

Der Vorgesetzte erwartet Verbeugungen, wenn nicht Unterwerfung. Am schlimmsten äußert sich das autoritäre Rollenverständnis in der am wenigsten aufgeklärten Beamtenschaft. Wer das bezweifelt, diene einmal im öffentlichen Dienst, bei einer Landesbehörde oder einer Parlamentsverwaltung. Da gibt es noch Kommandotöne und Rangunterschiede wie vor Erfindung der Demokratie. Menschen, die man allen Ernstes »Bedienstete« nennt, werden eingestuft nach Kategorien des »einfachen, mittleren, gehobenen und höheren Dienstes«, und das Besoldungswesen, ungerecht bis zum Exzeß, zementiert ihre Untergebenenrollen in Bürokratien bis zum grauen Tag der Pensionierung, die wiederum Arbeiter zu Rentnern deklassiert: Gleichberechtigung a. D.

Die Skala der Devotion vibriert vor Titelsucht und der respektheischenden Gebärde der Repräsentation. Ein Amtsrat hat einem Handlungsreisenden zwar die begehrte lebenslängliche

Anstellung voraus, doch sein Amtschef riskiert auch weniger als der Verkaufsleiter einer Industriefirma, wenn er den unter ihm Tätigen alle Abhängigkeit spüren läßt und ihn als Untertan betrachtet. Daß in diesem Klima Liebedienerei und Intrigen vorzüglich gedeihen, bietet unerschöpflichen Stoff für Satiren, die sich ebenfalls vor allem durch eines auszeichnen: die fast völlige Abwesenheit von Toleranz. Obendrein beschließt der Bundestag Jahr um Jahr prozentuale Erhöhungen im öffentlichen Dienst, die dafür sorgen, daß die Schere zwischen B 3-Ministerialräten und Regierungsinspektoren immer weiter auseinanderklafft, ganz zu schweigen vom Müllfahrer in der Provinz. Wenn einzelne Parlamentarier hartnäckig daran zu rütteln bemüht sind, erschallt im Chor der Privilegierten das Abwehrkampfgeschrei von der angeblichen »Gleichmacherei« und von der Unterwanderung der »Leistungsgesellschaft«, als habe Einkommen in gewissen Höhen überhaupt noch etwas mit vergleichsweise gerechtem Entgelt für getane Arbeit zu tun. Die Selbsterhöhung der Einkünfte und Spesen der Parlamentarier ist ein eindrucksvolles Beispiel für dieses ebenso verändernswerte wie scheinbar unveränderliche System.

In der Berufswelt hat die Macht noch undifferenziert, wer das Geld hat und – im Fall des Staats als Arbeitgeber – wer die Macht hat, das Geld. Bisher ist es nicht gelungen, das Arbeitsleben der großen Mehrzahl anders als durch Verkürzung der Arbeitszeit und besseren Lohn zu humanisieren. Das Fließband versteht nichts von Toleranz, die Toleranzquote technischer Bemessungseinheiten ist etwas anderes.

Ob ein Milchwerk im Allgäu den Betriebsratsvorsitzenden feuert und die Gewerkschaft geltendes Recht beim Arbeitsgericht einklagen muß, oder ein beamteter Staatssekretär einen Generalkonsul nach vierzigjähriger Dienstzeit herunterputzt wie kein Meister seinen Lehrling, ob ein Filialdirektor seinen Assistenten schikaniert, ein Professor wissenschaftliche Mitarbeiter ausbeutet oder eine Primadonna Bühnenarbeiter wie Luft behandelt – an tausend Beispielen läßt sich im Berufsleben die Herrschaft des Menschen über den Menschen demonstrieren.

Und jede Rezession wird zur Disziplinierung von Leuten mit inzwischen etwa eingerissenen lockeren Sitten mißbraucht.

Die Brutalität der von Schreibtisch zu Schreibtisch hinzunehmenden, jeweils nächsthöheren Befehlsgewalt läßt Toleranz so fern erscheinen wie Polareis am Äquator. Wohl liegt über vielen Arbeitsverhältnissen eine Patina der Weltläufigkeit von oben herab, solange die Sekretärin dem Chef, der Abteilungsleiter der Konzernleitung, der Metteur dem Druckereibesitzer als ausführendes und mitunter auch mitberatendes Organ gilt, doch die Härte der Auseinandersetzung läßt im Fall des Sachkonflikts oder persönlicher Meinungsverschiedenheiten, mehr noch unterschiedlicher Geldinteressen in neunzig von hundert Fällen dem Abhängigen keine Chance – es sei denn, er fügt sich dem Willen des Vorgesetzten. Daß dabei keineswegs nur überlegene Kompetenz, vielmehr sehr oft die Lust an der Tyrannei den Ausschlag gibt – wer hätte das nicht erfahren?

In Konjunkturzeiten erscheint die Berufswelt durch die größere Freizügigkeit der Beschäftigten vergleichsweise zivilisiert; doch wehe dem, der aufmuckt, wenn Mangel an Arbeitsplätzen das Klima in den Betrieben verschärft. Es steht nicht einmal zu erwarten, daß künftig verbesserte Gesetze zur Mitbestimmung und zur Vermögensbildung in Arbeitnehmerhand an dieser absoluten Härte der Existenz des einzelnen in der Wirtschaft Ausreichendes ändern können. Es müßte sich dazu schon eine Grundregel ausbilden, die da lautet: Toleranz ist die Umgangsform der Vorgesetzten mit ihren Mitarbeitern.

Wer das für menschenmöglich hält, obendrein überall, ist ein Phantast. Denn zum Beispiel auch in Gewerkschaften oder unter Sozialdemokraten, wo das traditionelle Du den förmlichen Eindruck von Kameraderie erweckt, traktiert der Obere den Unteren, der Stärkere die Schwächeren nicht selten bis zur Weißglut. Wo Ausnahmen gelten, läßt es sich wohl sein. Im übrigen sind Konservative, weil unter ihnen die starre Rangordnung relativ unumstritten ist, in den zwischenmenschlichen Beziehungen gegenüber Abhängigen bisweilen kulanter.

Jedenfalls erscheinen Beteuerungen führender Politiker manches Mal euphorisch, wie vor einiger Zeit die Äußerung des christdemokratischen Generalsekretärs Kurt Biedenkopf, als er vor Zuhörern der Katholischen Akademie in München erklärte: »Rechtsstaatliche Sicherung der Freiheit des einzelnen ist in unseren Augen eine zum rechtlichen Anspruch verdichtete Toleranz.« Ein schöner Satz, wenn man die Realität abzieht, in der eine solche Formulierung allenfalls als idealgedachte Zielangabe für eine ferne Zukunft bestehen kann.

Immerhin provoziert derlei verbaler Komfort, dem – zugegeben – Politiker jeder Couleur erliegen, die ernüchternde Frage: Wie verhält es sich wirklich mit den Möglichkeiten für Toleranz in der gesellschaftspolitischen Konkurrenz der Parteien und der Wähler, die nicht nur alle vier Jahre beteiligt sein wollen?

Zweifellos erscheint vielen der Begriff der Toleranz in der Politik von vornherein abwegig. Wo es um das harte Geschäft des Erringens von Mehrheiten für ein bestimmtes Programm geht, um das Ausüben des Schwierigsten, nämlich eines wesentlichen Teils der Macht im Staat, der Macht also über viele Menschen und unzählbare Dinge, dürfe kein Zweifel und kein Infragestellen gelten. Viele wünschen sich darum noch immer Verhältnisse, die sie für eindeutig halten: den starken Mann, die Inkarnation der Intoleranz.

Vieles davon konnte man ablesen an allen Machtkämpfen, Intrigen, Verleumdungen, aber auch massiven Notwendigkeiten, die zum Rücktritt Willy Brandts vom Amt des Bundeskanzlers beitrugen. Für mich war Brandt, nimmt man alles in allem, der bisher demokratischste Regierungschef einer deutschen Regierung. Aber sein Nachfolger Helmut Schmidt verschaffte sich fast mühelos scheinbar überlegenen Respekt. Wie auf Abruf reagierte ein Teil der Öffentlichkeit mit größerem Vertrauen auf die härtere Hand. Wie demokratisch also ist unsere Demokratie?

Der tolerante Politiker, der den Gebrauch der Macht zum Wohl der Allgemeinheit zügelt und sich dadurch als Demokrat qualifiziert, ist bislang keine die Mehrheit überzeugende Figur. Kann aber eine Gesellschaft, die dem Grundtenor ihrer Verfassung nach Toleranz in allen Lebensbereichen leisten sollte, überhaupt auf intolerante Weise glaubwürdig regiert werden? Hier endet die Demokratie bei ihrem größten Fragezeichen.

Wie hatte Günter Graß der SPD-Fraktion zugerufen? Sie solle die Toleranz Willy Brandts als Autorität akzeptieren? Damals, 1971, hatte dieser Appell dem Autor der »Blechtrommel« eindrucksvolle Zustimmung eingetragen. Drei Jahre später aber wurde selbst ihm die Toleranz dieses Kanzlers zuviel. Im übrigen vermögen die Begleitumstände des Kanzlerrücktritts, die miese Agentengeschichte und die Denunziation der Privatsphäre keineswegs darüber hinwegzutäuschen, daß Willy Brandts Entschluß ein äußerst komplexer Prozeß war, der sich monatelang vorbereitet hatte. Politische Stimmungsumschwünge sind keine Augenblickssache. In der Phase des Pendelschlags nach links, in der das öffentliche Bewußtsein einige Jahre veränderungsbereit war im Sinn einer verhalten progressiven Reformpolitik, war Brandt die mehrheitsbindende Leitfigur. Inzwischen, in der Gegenphase eines Neokonservatismus und knallharter Interessenkämpfe reaktionärer Gruppen in Wirtschaft, Parteien und Verbänden, ist Helmut Schmidt, wenn er durchhält, der realisationskräftigere Politiker. Ohne ihn hätte die sozialliberale Koalition die Bundestagswahl vom 3. Oktober 1976 nicht mehr gewinnen können.

Für diese Koalition geht es um Sein oder Nichtsein. Die absolut gewordene Auseinandersetzung fördert auch alle übrigen Voraussetzungen intolerant-parteiischen Handelns: den Fraktionszwang, den das Grundgesetz ablehnt, das Schweigen Andersdenkender, die machtvollen Manipulationen der öffentlichen Meinung durch einen Teil der privatwirtschaftlichen Presse und den parteipolitischen Meinungskampf um Fernsehen und Hörfunk, die Anstalten des öffentlichen Rechts.

In diesem verschärften Klima haben radikal-demokratische Minderheiten keine Chance. Gesinnungsethik erscheint bald nur noch als weltfremde Forderung von Sektierern. Die Verantwortungsethik, auf die sich Politiker im Sinn Max Webers berufen, relativiert das Handeln zum kurzfristig Möglichen: eine Folge davon sind Kompromisse mit immer weniger Spielraum, in denen wirtschaftliche Macht triumphiert und Ungerechtigkeiten des Systems nicht mehr in Frage gestellt werden. Der Rest ist ein magerer materialistischer Positivismus – auf wielange? Politik müßte mehr als Verwaltung sein, um die Menschen wieder zu faszinieren. Sie kommt nicht aus ohne die Vision der Zukunft, mag die auch apokalyptisch sein: sie schließt die Hoffnung niemals aus.

Konsequent ist zu fragen: Kann man als verantwortlicher Politiker – und welcher Politiker wäre nicht verantwortlich? – auch noch mit dem Rücken zur Wand tolerant sein? Auch wenn die Verhältnisse ringsum so intolerant sind wie in der gegenwärtigen Welt? Tolerant bis zum Selbstmord? Eine positive Antwort darauf hat kein Parteiprogramm parat und kann es nicht haben. Idealität und Realität stehen in einem unlösbaren Widerspruch.

Die Übungsfelder für jedermann in Gesellschaft, Beruf und Familie verweisen den einzelnen auf seine Bereitschaft und Fähigkeit, Toleranz lebbar und erfahrbar zu machen – dort, wo er steht. Wenn ich ein Fazit ziehen soll, dann dies: Toleranz ist so zeitgemäß wie die Forderung nach der Verwirklichung unseres Grundgesetzes, also der Demokratie. Was immer getan werden kann, um beide voranzubringen, so untrennbar sie sind, beginnt bei der eigenen Person. Mit Idealen lebt man immer unzulänglich, aber niemals umsonst.

Flugbahnen kultureller Außenpolitik

Aus meinem Tagebuch

Moskau/Irkutsk, 24./25. Juni 1971

Nachtflug nach Sibirien. Bei Anbruch der Dunkelheit hat uns Natalja mit dem Intourist-Wagen am Sovietskaja abgeholt. Als wir starten, im vollbesetzten Jet, wird es im Nordosten schon wieder hell. Wir fliegen dem Sonnenaufgang entgegen. Gelbe Mitsommerflut über den Wolken. Verschlafene Mannschaft: die jungen Offiziere mit ihren Gepäcksäcken, sibirische Fabrikarbeiter, die vom Urlaub zurückkehren, kopftuchvermummte Burjatinnen, neben mir Braem (die kalte Pfeife in der Hand) und vor mir Natalja, sie ist in ihre Jugendmüdigkeit verkrochen. Während sie alle in den Sitzen liegen, Kabinengesichter im gelben Schein, rekapituliere ich die Moskauer Tage.

Vor sechs Wochen war das Telegramm gekommen, das uns von Schriftstellerverband zu Schriftstellerverband einlud. Erste offizielle Kontakte, Delegationsaustausch im Kontext zum Bemühen um wechselseitige Verständigung und Ratifizierung der Verträge von Moskau und Warschau. Kulturpolitischer Dialog – mit wieviel Verbindlichkeit? Was können Leute, deren Beruf das Schreiben ist, dazu beitragen? Weder allzu wenig noch besonders viel.

Indirekt sind wir Staatsgäste und erleben eine wohlvorbereitete Gastlichkeit – mit vielen Formulierungen zwischen den Zeilen. Unser Status, scheint mir, ist der von semidiplomatischen Laien mit limitierter Ausstattung (zwei Augenaufschläge Aufmerksamkeit durch die Kulturabteilung des Auswärtigen Amts, die unseren Flug bis Moskau bezahlt hat). Man versucht es auf beiden Seiten einmal mit uns. Auch wir probieren diesen Zustand aus, der Balance erfordert.

Der Schriftstellerverband der UdSSR ist eine machtvolle Organisation, keinem Ministerium unterstellt, auf unnachahmliche Weise ans ZK angelehnt. Wir können und wollen nicht mithalten mit entsprechender Befugnis. Aber: Willy Brandt auf dem Stuttgarter Schriftstellerkongreß, der vor elf Monaten unter dem Motto »Einigkeit der Einzelgänger« als zentrales Ereignis zwischen Literatur und Politik stattfand – das hat man in der Sowjetunion sehr wohl notiert. Ein paar Entsprechungen gibt es, zum Beispiel die 7000 sowjetischen und die 3000 westdeutschen Autoren-Mitglieder.

Vier Tage Gespräche. Im Schweben aus Überwachsein und Erinnerungs-Schattierungen, draußen über Wolken, synchronisiert mit Düsenlärm und gebeizt mit dem Geruch vieler Menschen, die in ihren Kleidern schlafen – da sitze ich zehn Kilometer über Kazan und fliege dem Ural zu. In Gedanken schüttele ich mein Moskauer Kaleidoskop: Vom Sekretärsempfang bei der Ankunft (Sergej A. Barusdin und der Auslandsreferent Steshenskij) bis zu den Wodkareden beim festlichen Essen im Haus des Schriftstellerverbands, von der angenehm unkonventionellen Einladung beim Gesandten der Bundesrepublik, Lüders, im »Deutschensilo« am Moskwa-Ufer, bis zur Verhandlung mit dem Direktor des Büros für Urheberrechte, Rudakow, vom Besuch beim Institut für Weltliteratur bis zu dem anderen in der Redaktion der Zeitschrift für ausländische Gegenwartsliteratur – der offizielle Teil ist beendet. Was bleibt, sind einige Vereinbarungen (regelmäßige Gegenbesuche, Fortsetzung der Diskussion eines bilateralen Urheberrechtsabkommens), sehr viele Namen und Gesichter, die subjektiven Eindrücke am Schnittpunkt protokollarischer Debatten und Handlungen.

Wenn es um formale Fragen ging, konnte man Tacheles reden. Dann wirkte niemand empfindlich, die Verbandssekretäre – voran der Leiter der Auslandskommission, Oserow – sind auf derlei eingespielt. Unübersehbar war das Blitzen im Funktionärsauge, sobald Rangfolgen erörtert wurden (hin oder her, die erste oder die zweite Delegation). Selbst das Sportliche solcher Matadorenkämpfe gehörte hinter perfekter Förmlichkeit in die

Szene. Anschließend hielten Braem und ich im Hotel bei rumänischem Weißwein unsere Jurysitzungen ab, besprachen, wie der und jener abgeschnitten hatte, wie wir zurechtkamen. Weder gelingt uns das Feierliche noch der hundertprozentige Ernst.

In feiner Dosierung hat man Martin Walser zugezogen, der einen Tag eher als wir in Moskau eintraf und jetzt in Georgien ausschläft. Bei organisatorischen Fragen sparte man ihn aus, bei literarischen (die dem Westen galten) war er der Mittelpunkt leidenschaftlich neugieriger Zuhörerrunden: Walser, ein Sektbad voller Literaturbonmots und Gewitztheiten, listig, launisch, jederzeit kann der Korken aus diesem Ungetüm fliegen. In manchen Augenblicken ist er unsere eloquente Gallionsfigur, in anderen ausgesprochen kameradschaftlich. Er wird in einigen Tagen (als einzelne Person, laut Protokoll) am 5. Schriftstellerkongreß teilnehmen, zu dem als Delegationen nur Gäste aus sozialistischen Ländern eingeladen worden sind – Braem und ich erachten unsere Sachgespräche mit der Verbandsspitze für wichtiger als die Anwesenheit auf dem Kongreß.

»Man fragt, ob Sie Tee haben möchten?« Das ist Natalja. Die Maschine steht auf dem Flugplatz von Omsk. Nichts war vom Ural zu sehen, kaum etwas von der Strecke inzwischen. Jetzt blicken wir beim Aussteigen auf eine flache Industriestadt am Horizont, aus der Schornsteine und Sendemasten aufragen. Wieder ist da ein Intouristmann, der uns aus dem Transitpublikum herausfischt und uns in einem speziellen Raum mit Getränken bewirtet. Wir sind drei Stunden geflogen, doch der Uhrzeit nach nicht vorangekommen. Zweieinhalb weitere Flugstunden, und wir fallen 2500 Kilometer hinter der Grenze Europas ein. Irgendwo sehr viel höher kreisen die Kosmonauten. Natalja spricht von ihnen wie alle anderen mit dem Stolz der Sowjetbürger, die den Eindruck haben, Amerika zu überflügeln.

Vor acht Jahren, auf Weltreise, bemühte ich mich vergeblich, nach Sibirien zu kommen. Jetzt wird es Wahrheit: ich werde dorthin nachgeliefert für ein besonderes Kapitel.

Das Hotel heißt einfallsreicherweise Angara, denn an diesem Strom liegt Irkutsk. Im Sommer ist es eine lehmbraune, breit hingewürfelte Stadt, verhangen durch Stromleitungen, geprägt durch den Fluß, das Kraftwerk und Fabriken. Im Zentrum die alten Häuser aus ganzen Baumstämmen neben steinernen Verwaltungsgebäuden und niedrigen Ladenstraßen, draußen neue Wohnblocks. Am Ufer der Angara verläuft die Transsibirische Eisenbahn. Im Wartesaal sitzt Fernweh, die Schienenstränge zielen ins scheinbar Unendliche.

Mark Sergejew, der regionale Schriftsteller-Vorsitzende, hat uns mit derselben Zuvorkommenheit empfangen wie bisher alle unsere Gastgeber. Vor zwei Jahren habe ich ihn auf dem Kongreß der Internationalen Schriftstellergewerkschaft in Moskau schon einmal getroffen. Ein handfester Mann von Mitte vierzig, erfolgreicher Kinderbuchautor, Poet und Verfasser von Drehbüchern für Dokumentarfilme. Ein bißchen müde und aus der Zeit geraten sind wir hinter ihm hergegangen, als er uns die Stadt zeigte.

Natalja, zweiundzwanzig Jahre, schwarzes glattes Haar, sie sieht aus wie Picassos blauer Periode entstiegen – Natalja hat unaufhörlich übersetzt, mehr Persönliches als Offizielles. Es gibt in dieser Halbmillionenstadt nicht viel Vorzeigbares, außer man nimmt die einzelnen Menschen und ihren Alltag als Objekt.

Es leben 28 Mitglieder des Schriftstellerverbands in der Region Irkutsk und 50 weitere Schreibende, die (noch) nicht privilegiert sind. Sergejew verkörpert den Typ des anerkannten Autors, den viele kennen. Die Gesamtauflage seiner Bücher beträgt 5 Millionen Exemplare. Wenn er ein neues Gedichtbuch veröffentlicht, wird es allein in Westsibirien in 35 000 Exemplaren aufgelegt und ist rasch vergriffen. Es gibt überall Buchhandlungen, die nicht genug Lesestoff in die Regale bringen können von Schriftstellern, die »in« sind. Was immer das hier bedeutet.

Einem weniger Erfolgreichen hat uns Sergejew heute, als er nach Moskau abflog, buchstäblich in die Hand gedrückt. Das ist ein bald siebzigjähriger Lehrer-Pensionär. Er heißt Jewgenij Gerogewitsch Bandó, sieht aus wie ein kanadischer Holzfäller und steckt voller Heimatkunde.

»An dieser Stelle«, sagte er, als wir oberhalb einer Angaraschleife vor einem alten Friedhof standen, »hat man 1919 General Koltschak erschossen. Man hat ihn unters Eis gesteckt, damit sein Körper ein für allemal verschwunden bliebe.«

Später lese ich nach: Aleksandr Koltschak, der 1918 in Sibirien eine antibolschewistische Armee gebildet und sich zum Reichsverweser ernannt hatte, stellte sich nach seiner Niederlage unter den Schutz der Alliierten. Sie lieferten ihn an eine nichtbolschewistische Gruppe von Diktaturgegnern aus, die ihn am 7. Februar 1920 hingerichtet hat.

Während wir mit Bandó über das blutige Damals sprechen, schiebt ein Greis im Russenkittel mit weißem Vollbart und einem Gesicht wie einer Reliefkarte einen leeren Schubkarren über den Friedhof. Plötzlich schreibt Tschechow eine seiner Geschichten in diesen Tag.

Einige Grabinschriften zeigen an, daß hier Dekabristen liegen. Sie waren kaum zwanzig Jahre alt, als sie nach Sibirien verbannt wurden. Anschließend besichtigten wir die Häuser der seit mehr als hundert Jahren Toten. Es sind Bauten mit drei oder vier Räumen. Roh behauene, aufeinandergeschichtete Baumstämme, die Fugen lehmverschmiert, innen alles holzverschalt, an der Mittelwand der Kachelofen mit dem Schlafsims.

Das am besten erhaltene Haus hat man zu einem Museum hergerichtet. Bilder und Dokumente erzählen vom Dezemberaufstand 1825 in Petersburg. Sie berichten von der Vorbereitung in den Geheimbünden junger Aristokraten und Gardeoffiziere, die von westlichen Reformideen erfüllt waren. Vor allem waren sie eines: blutjung. Die planlose Erhebung wurde, man weiß es, von Zar Nikolaus I. rasch niedergeschlagen. Fünf der Verschworenen ließ er umbringen, die meisten wurden nach Irkutsk verbannt, einige zu fünfundzwanzigjähriger Zwangsarbeit in Ketten.

Offenbar haben nicht alle von ihnen hier unter schwersten Bedingungen gelebt. Einige konnten sogar ihre Frauen nachkommen lassen. Sie haben Familien gegründet, die Kinderbilder zeugen davon. So sehr die Überlieferung die Dekabristen idealisiert hat, fast alle unter den 120 Aufständischen, die auf diese Weise nach Irkutsk verschleppt wurden, scheinen die Politik aufgegeben zu haben. Nur einige wenige setzten die agitatorische Arbeit fort, wurden erneut und schärfer verurteilt und kamen in Ketten ums Leben.

Soviel ist herauszuhören aus dem Vortrag der Museumsleiterin, einer blonden zierlichen Frau mit einer Nickelbrille und jenem schwer deutbaren Eifer im Gesicht, von dem man nicht erfährt, ob er der Sache oder einer lebenslänglichen Identifikation gilt. Natalja jedenfalls wird ungeduldig angesichts all der zerschlissenen Habseligkeiten der ersten Kronzeugen einer Revolution.

Als wir ins Freie treten, brennt die Sonne wie in Bologna an einem solchen Juninachmittag. Überall fliegen Samenschwärme von Bäumen, die Braem für Erlen hält. Er nimmt eine Probe mit aus Gründen journalistischer Genauigkeit. Irkutsk wird weiß beschichtet: Sommerschnee.

Baikalsee, 27. Juni

Ein Wort über die Amerikaner im Intourist-Vertragshotel. Sie fliegen über Alaska ein. Ein Abstecher von zwei bis drei Tagen. Sie sitzen in der Hotelhalle und beschriften Schwadronen von Ansichtskarten. Die meisten sehen aus, als hätte man ihnen eben die Prämie der Lebensversicherung ausbezahlt. Angehende Greisinnen mit riesigen Sonnenbrillen und Giraffenhälsen. Um sie herum trollen sich Männer, auf deren Kugelbäuchen Kameras schwappen. Sie reisen wie in einer gigantischen Konservendose mit der Aufschrift Amerika und scheinen um keinen Preis bereit, eine Handbreit Fremde zu erleben.

Heute rollen sie in Omnibussen zum Baikalsee. Wir überholen sie bald, wieder mit J. G. Bandó und dem Wolgataxi, das der

Schriftstellerverband bezahlt. Es sind 60 km auf der schnurgeraden Teerstraße durch die Taiga. Baikal, ich muß gestehen: für mich klang das immer wie Balalaika. Auf einmal kommt durch das Wagenfenster ein eisiger Hauch. Nach ein paar Felsenkurven beginnt das eigentliche Sibirien.

Der Baikalsee enthält soviel Wasser wie die Ostsee. Er ist 636 km lang, bis zu 79 km breit und an der tiefsten Stelle 1,7 km tief. Der Name kommt aus dem Tatarischen und bedeutet so viel wie reicher See (reich an Fischen). Die Mongolen haben ihn Dalai-Nor genannt, Heiliges Meer.

Die Sonne fällt steil herein, aber sie wärmt nicht. Erst vor vier Wochen ist hier das Eis aufgebrochen, gegenwärtig beträgt die Wassertemperatur 3 bis 4 Grad. Da bleiben unsere Badehosen unausgepackt. Der Wind am Ufer vertreibt uns bald in einen geschützten Einschnitt der umliegenden Kiefernhügel. Wir sind an einem der Orte, an denen einem nichts dringender einfällt als das Ende der Welt.

Eisesklar ist das Wasser ohne Horizont, der im schneeweißen Dunst zergeht. Wo sind die Farben geblieben? Die Burjaten-Fischer vor den Uferhütten sehen wie Eskimos aus. Doch hoch über uns ist der Himmel tiefblau. Die Erde wirkt blaß dagegen. Granitgraue Hänge, graue Holzhäuser, silbernes Wasser. Nur in den Sonnennischen finden wir Blumen, lila, enzianblau, eigelb.

Lange sitzen wir auf einer Schneise und kommen allmählich aus dem Frösteln heraus. J. G. Bandó erzählt von seinen Enkelkindern. Natalja, mittagsträge, verdeutscht nur noch, was ihr gefällt. Braem* stopft eine Pfeife nach der anderen. Sein Seemannsbart ist eine Attraktion in der Gegend, denn hier geht alles glatt ums Kinn. Seinen Rauchkringeln nachschauend denke ich, daß ich ziemlich sicher bin, hier nie wieder herzukommen und den sympathischen Alten an meiner Seite nicht wiederzusehen.

---

* Helmut M. Braem starb am 24. Februar 1977 im Alter von 54 Jahren. Er war einer der wenigen, die für die berufspolitische Organisation der Schriftsteller und Übersetzer in der Bundesrepublik über viele Jahre hin Entscheidendes geleistet haben. Er war ein Zögernder und ein Handelnder, der sich mit spielerischer Zähigkeit, mit Nähe zur Sache und Distanz zu allen Eiferungen Freunde verdiente.

Für die Rückfahrt braucht das Luftkissenboot auf dem Angarastrom nur genau eine Stunde, wie vorher das Auto. Und dort vor dem Irkutsker Stauwerk, in einem Sonnenwinkel, haben wir dann tatsächlich geschwommen, nicht nur um berichten zu können: Wir badeten in Sibirien nur einen Sommertag.

Unter denen, die sich am Ufer sonnten, waren viele Studenten. Die Stadt hat 50000 junge Leute an den Universitäten und der Technischen Hochschule. Das sind zehn Prozent der Bevölkerung. Diese dritte Generation der Revolution nimmt die Errungenschaften der heutigen Sowjetunion offenbar genauso selbstverständlich wie die westdeutsche Jugend Wohlstand, Frieden und relative Demokratie.

Es wäre angesichts solcher Ausbildungsmöglichkeiten und der historischen Phase, die jetzt in der UdSSR eintreten könnte, nicht anders als logisch, wenn man sich auch hier zunehmend mit einem Jungsozialistenproblem konfrontiert fände. Nach allem, was wir erfahren, sind Anzeichen dafür vorhanden. Aber es wird voraussichtlich eine interne Auseinandersetzung sein: Impulse der Erneuerung auf patriotischer Grundlage, getragen von keiner anderen Kraft als realistischem Idealismus, denkbar unterschieden von westlichen Vorgängen.

Bratsk, 28./29. Juni

Man fliegt über die Taiga, entlang dem Angarastrom, in einer Turbopropmaschine gut eine Stunde, also sechshundert Kilometer, ziemlich genau nach Norden, wenn man eines der größten Wasserkraftwerke der Welt besichtigen will.

Die Stadt, die man um diese Energiequelle herum gebaut hat, liegt zweigeteilt am Stausee. Ein sibirisches Brasilia, allerdings keine Regierungsstadt, sondern eine Industriestadt. 200000 Einwohner leben hier unter Bedingungen, die westdeutschen Ingenieuren und Arbeitern das Fürchten beibringen müßten. Die Jahrestemperatur beträgt im Schnitt −2,5 Grad Celsius. Es gibt nur drei Monate mit frostlosen Tagen. Sechs Monate lang zeigt das Thermometer auf −15 Grad im Mittel. Noch bei 35 Grad

Kälte hat man mit heißem Wasser, vorgewärmten Lkws und batteriegeheizten Gußformen den Betonstaudamm errichtet. Winterbau in Sibirien. Bei − 58 Grad allerdings verkriecht man sich auch in Bratsk an die Zentralheizung.

Die Pioniergeneration hat hier 1954 in Zelten begonnen. Für sie ist das Dasein in der Stadt inzwischen fast schon bequeme Zivilisation. Einen dieser Männer sprechen wir, Ingenieur Lew; er ist einer von denen, die in ihrem Leben sicherlich keinen Psychiater brauchen. Natürlich hält er seinen Vortrag zum soundsovielten Mal. Übrigens erinnert er sich deutlich an Hans Magnus Enzensberger, der vor ein paar Jahren hier aufkreuzte und dem Bratsker Publikum mit Hilfe eines Dolmetschers sein Gedicht »Schaum« vortrug – die Uraufführung hatte ich einst auf einer Tagung der ›Gruppe 47‹ miterlebt.

Als Lew vom Bau des Staudamms erzählt, ist nicht nur vom sibirischen Winter die Rede, sondern auch von den Schnakenschwärmen, die es im Sommer notwendig machten, unter Moskitonetzen zu arbeiten. Heute ist die Plage ausgerottet.

Wir fragen ihn nicht nach den Turbinen, wir fragen nach den Menschen, die hierherkommen, um so zu leben und zu arbeiten wie er. »Ich stamme aus Moskau«, sagt er. »Aber ob Sie es glauben oder nicht, ich möchte Sibirien anders als auf Urlaub nie wieder verlassen.«

Einmal in drei Jahren darf jedermann, der in Bratsk arbeitet, auf Staatskosten an einen beliebigen Ort der Sowjetunion reisen. Gewöhnlich gibt es 36 Urlaubstage im Jahr. Man arbeitet in der Fünftagewoche, 8 Stunden und 12 Minuten, ergibt 41 Stunden. Mit Trennungszulagen und Prämien, Treuegeldern und einem umfangreichen Angebot an Freizeiteinrichtungen versucht man, die Arbeiter in Bratsk zu halten. Bisher scheint das auf der Basis der Freiwilligkeit zu gelingen.

Wer hier seinen Beruf ausübt, zum Beispiel in der Leichtmetallfabrik, besitzt überzählige Kaufkraft. Die Stadt ist jung, das Durchschnittsalter liegt unter dreißig Jahren. »Das Geld allein«, sagt Ablogin Lew, während er uns seine Turbinen vorführt, »würde die Menschen nicht halten. Da gibt es noch etwas anderes. Man verwächst hier. Natürlich, wer ein bißchen schwächer war, der ist eben fortgegangen.«

Was bedeutet das in seiner Kategorie: ein bißchen schwächer? Braem und ich wären dem Abenteuer nicht gewachsen, mit Lew im Winter auf Bärenjagd zu gehen. Er läuft ja auch bei 35 Grad Kälte mit seiner Frau aus purem Vergnügen Ski.

Wir sehen die Schaltanlage. Bratsk versorgt weite Teile Westsibiriens mit Strom. Zweihundertzwanzig Kilometer weiter nördlich baut man unter noch härteren Bedingungen an einem noch größeren Kraftwerk. Im Hinausgehen notiere ich mir das Leninwort vom Wandmosaik in der Eingangshalle: »Der Marxismus ist allmächtig, weil er wahr ist.«

Auf dem Flugplatz stürzen wir uns wieder auf die deutschen Zeitungen. Allmählich wird unser Lesehunger zur Manie. Also lesen wir alles, was es gibt, von vorn bis hinten, »Neues Deutschland«, »Der Morgen«, »Berliner Zeitung«, »Moscow News«.

Als wir nach Irkutsk zurückkommen, für eine Nacht, steht dort seit Stunden Jewgenij Georgewitsch Bandó. Er sammelt uns ein wie ein Großvater, der nur noch dafür auf der Welt ist, daß keiner der Seinen verlorengeht. Am Rockaufschlag trägt er das Abzeichen der fünfzigjährigen Mitgliedschaft bei dem Komsomolzen. Wie wir ihn kennenlernen, ist er der gute Mensch von Irkutsk.

Irkutsk/Moskau, 30. Juni

Auch auf dem Rückflug gibt es den Ural als magische Grenze nicht in unserer Sicht. Erst auf Höhe der Wolga wird es wieder klar. Als wir auf dem Ostflugplatz Moskaus landen, um 8.30 Uhr Ortszeit, sind die Kosmonauten nicht mehr am Leben. Natalja hat es uns verschwiegen. Wir konnten nur beobachten, daß sie mit ihren Landsleuten etwas besprach, das alle betroffen machte. Wir erfahren davon zwei Stunden später, als wir mit westdeutschen Journalisten Kontakt aufnehmen. Gestern abend noch haben die drei Weltraumpiloten in einer Live-Übertragung den Schriftstellerkongreß begrüßt. Breschnew, Kossygin und Podgorny waren zur Eröffnung anwesend.

In der Sowjetunion leistet sich die große Politik ihre Staatskultur als weltanschauliches Monopol. Bei uns hat die freizügige Kultur alle Mühe, sich wenigstens hin und wieder gegen den Vorrang des Wirtschaftsstaats zu behaupten. Der Kulturstaat ist bei festlichen Anlässen unser beliebtestes Gerücht. Wo gibt es ein Land, in dem der Kultur zukommt, was der Kultur gebührt?

Was wir noch vorhatten, erstickt in dem Ereignis, das Moskau beherrscht. Zehn Tage lang hat man uns mit Nachrichten von den drei Männern in »Sojus 11« versorgt. Das ist zu Ende. Es geht uns mehr an, als wir geglaubt hätten.

Statt einem geschäftigen Tag verbringen wir einen sehr nachdenklichen. Die allgemeine Betroffenheit überträgt sich auf die Durchreisenden. Vielleicht liegt es auch daran, daß uns kein Kontakt mehr gelingen will. Erst am nächsten Morgen kommt Lew Ginzburg vor unserer Abreise atemlos ins Hotel. Er erklärt die versäumte Verabredung und schenkt Braem wie mir die kleine Prachtausgabe der mittelhochdeutschen Vaganten-Balladen in seiner Übertragung.

Abschied am Airport. Wladimir Steshenskij, Übersetzer unter anderem Wolfgang Koeppens, wird zu den Gegenbesuchern zählen, die wir im Herbst in der Bundesrepublik erwarten. Natalja trägt ein weißes Kleid mit großen blauen Punkten. Als sie hinter der Zollbarriere verschwindet und nicht nur väterliche Gefühle bei uns hinterläßt, beginnt wieder unsere selbständige Sprache.

In der desodorierten Caravelle der österreichischen Linie lese ich alles Gedruckte, dessen ich habhaft werden kann. Ich bin buchstabensüchtig.

Kairo, Ende November 1974

Zum drittenmal in Ägypten, zum erstenmal als Mitglied des Bundestags. Gäbe es eine Berufsvorbereitung für auswärtige

Kulturpolitiker, ich hätte ungefähr das tun müssen, was ich seit der Weltreise 1962/63 ohnehin getan habe. Zusätzlich aber: mehr Sprachen lernen. Der Rollentausch als Herausforderung. Vom kritischen Beobachter in relativ unabhängiger Position wurde ich zum Insider mit den Arbeitsbedingungen und Gebundenheiten des Abgeordneten. Was also?

Ein Fliegender Holländer für Politik. Gereist bin ich immer viel. Nun werden Kontinente aus dem parlamentarischen Terminkalender hingeblättert. Eineinhalb sitzungsfreie Wochen für Kanada und USA – wie im vorigen Jahr im Dienst der Enquête-Kommission Auswärtige Kulturpolitik. Reisen zusammengeschnurrt, als werde die Normalaufnahme gar nicht mehr gefertigt, sondern die Gehirnzellen von vornherein als Mikrofilm belichtet werden. Reisen im Kondensat wäre dafür eine euphorische Bezeichnung. Tatsächlich handelt es sich um eine unverzeihliche Flüchtigkeit. Niemand ist so aufnahmefähig, daß er sich ganze Erfahrungskomplexe im Zeitraffer einverleiben kann. Auch bei aller Zuarbeit, die andere beisteuern, hat das Verarbeitungsvermögen absolute Grenzen. Es ist eine politische Unart, allmählich den Sinn für die Absurdität zu verlieren, die sich im eigenen Handeln ausdrückt wie in vielem, das man mit sich geschehen läßt.

Nach jeder Rückkehr das Ungenügen: Das mache ich so auf keinen Fall noch einmal. Dann machen es eben andere, die offenbar jedes politische Potpourri aushalten. Ich lerne abzusagen. Also nicht mit der Kommission nach Indonesien, nicht mit der Präsidentin nach Senegal. Herunter von Großspurigkeiten, es wird höchste Zeit.

Dennoch habe ich mich auf diese Vortragsreise eingelassen. Mit Goethe ums Mittelmeer. Zagreb, Athen, Thessaloniki, Alexandria – mit zwei Standardreferaten: »Stationen einer literarischen Republik« und »Entwicklungsland Kultur«. Ich habe sie so oft gehalten, daß ich sie auswendig kann und mich hüten muß, nicht zur eigenen Tonbandaufzeichnung einzuschrumpfen. Die Situationen wiederholen sich, nur die Anstrengung, sich den frischen Blick abzuverlangen, entdeckt an jedem neuen Ort das

Unverwechselbare. Man wirft sich über die Rampe ins Publikum, ohne Netz.

Von Alex nach Kairo im Wagen des Generalkonsulats auf der Rollbahn durch die Wüste. Ob Sheraton oder Hilton, die Hotels sind auswechselbar. Rings um den Globus die Kette eingeweckten Aufbewahrtwerdens zwischen Schaumstoff, Schaumbädern und Schaumgetränken. Vor zwölf Jahren wohnte ich mit Loren, dem italienischen Fotografen, auf der anderen Nilseite und war so unbeholfen wie je ein Neuling. Wie damals flirrt die gelbe Hitzestadt um den Hotelblock, in dem man wie in einem Eiswürfel aseptisch gehalten wird.

Ägyptens Hauptstadt ist mit $7^1/_2$ Millionen Einwohnern noch ärmer geworden. Eine Wüstenmetropole, in der aberwitzig prunkender Ölreichtum aus arabischen Nachbarländern, westlicher Dollarstandard, östlicher Botschafter- und Militäraufwand und millionenfach bettelndes Elend, verstärkt durch die Volkskrankheiten Bilharzia, Trachoma und Tuberkulose, schreiende Kontraste abgeben. Wo immer aus reichen Ländern geholfen wird, ist es vorerst ein Tropfen im feurigen Sand.

Vergeblich suche ich auf dem Bazar den Parfümladen in einem Zirkuskarren, in dem ich damals fast narkotisiert wurde. Wo sind die Farben geblieben, der Duft nach Lotos, Rosenblättern und Veilchen, Jasmin und Heliotrop? Der Gang durch die Gassen führt vorüber an Rosthaufen, schweißvernarbtem Leder und Plastik wie in jedem Ramsch der Welt. Mit der Schleppe bettelnder Kinder gehe ich durch das Spalier ausgereckter Verkäuferhände und trostloser Augen. In diesem Land der 36 Millionen verdient ein Arbeiter an einem ganzen Tag weniger Kaufkraft als ein Arbeitnehmer in der Bundesrepublik in einer Stunde.

Vor solchem Hintergrund muß man sich die Sitzungen der Enquête-Kommission im Bundestag vorstellen, in der sich fünf Abgeordnete und fünf Fachberater mit wechselnder Beteiligung nunmehr im vierten Jahr um eine Reformanalyse unserer kulturellen Kontakte zu fernen und nahen Ländern bemühen. Undenkbar, daß etwa ein wirtschaftliches Unternehmen eine vergleichbare Untersuchung über einen solchen Zeitraum im Arbeitsrhythmus weitgehender Ineffektivität ausdehnte.

Ausgehen muß man dabei allerdings von einem weitgefaßten Kulturbegriff, denn mit traditionellen Angeboten allein, mit klassischer und neuer Musik also, mit bildender Kunst, Literatur und Geisteswissenschaft lassen sich die Erwartungen, die man in den Gastländern auf die Kulturinstitute der Bundesrepublik richtet, beileibe nicht erfüllen. Im Gegenteil, man stünde da wie ein Gourmand, der unter Hungernden nur Trüffel und Kaviar anzubieten hätte. Das haben Praktiker wie Theoretiker der kulturellen Außenpolitik einigermaßen gründlich erkannt. Mehr und mehr verzichtet man darauf, deutsche Kultur mit überernährter Feierlichkeit auf dem Präsentierteller ins Ausland zu tragen.

In Kroatien, Mazedonien, im Schatten der Akropolis wie am Nil bemühen sich deutsche Mittler, wo immer das erreichbar ist, um eine in die Erfordernisse des Gastlandes integrierte Kulturpolitik. Ein Seminar mit einem Textilexperten aus der Bundesrepublik hat in Alexandria nachhaltige Wirkung hervorgerufen. Zur Problematik der Hygieneaufklärung und Übervölkerung, zum Umweltschutz und der Ernährung durch Meerespflanzen können deutsche Institute in Ägypten Überzeugenderes beitragen, als wenn wir aus Goethes »Westöstlichem Diwan« zitieren: »Wer sich selbst und andere kennt, wird auch hier erkennen, Orient und Okzident sind nicht mehr zu trennen.«

Kulturelle Außenpolitik ist in der Mehrzahl aller Länder Entwicklungspolitik. Dennoch hat in der Arabischen Republik Ägypten seit der Wiederaufnahme offizieller Beziehungen vor wenig mehr als zwei Jahren nicht nur das wirtschaftliche, sondern in erstaunlichem Maß auch das unmittelbar kulturelle Interesse an der Bundesrepublik zugenommen. Alle politischen Gespräche, zum Beispiel das mit Kulturminister Joussef el Sebai, im Nebenberuf Schriftsteller, bestätigen das. Obendrein erweist sich als nützlich, daß Botschafter Hans-Georg Steltzer bis zu seiner Entsendung nach Kairo Leiter der Kulturabteilung im Auswärtigen Amt war und sich in Details auskennt, die leider nicht üblicherweise zum politischen Repertoire unserer Ambassadoren zählen.

Im Notizbuch Hieroglyphen einer rasch vielschichtiger werdenden Momentaufnahme. Zum Beispiel: An der Universität in Alexandria, wo 60000 von insgesamt 320000 ägyptischen Studenten eingeschrieben sind, bemüht sich ein einziger Dozent, den der Deutsche Akademische Austauschdienst auf unerfüllbaren Posten dorthin entsandt hat, des verzweifelten Andrangs zu deutschen Vorlesungen Herr zu werden. Zum Beispiel: An der Ain Shams Universität in Kairo könnte in Kürze im germanistischen Fachbereich eine Abteilung zur Ausbildung ägyptischer Deutschlehrer eingerichtet werden, wenn die Bundesrepublik bei der Beschaffung von Räumen Finanzhilfe leistet und zusätzliche Dozenten entsendet. Zum Beispiel. Zum Beispiel. Immer reisen im Gepäck auch persönliche Petitionen mit. Wenn man sie wieder zur Hand nimmt, am Bonner Schreibtisch, tauchen ferne Gesichter auf. Man muß ihnen Raum verschaffen unter anderen Prioritäten im Termintrichter eines parlamentarischen Vierzehnstundentags. Die Zeiten sind vorüber, in denen ich zu ergründen hoffte, das alles sei dennoch auf hintergründige Weise rational organisiert.

Auf dem Rückflug wieder Athen: Europas Anfang am Mittelmeer. Im Wiederaufsteigen nach Rom und München grüble ich über ein Fazit all meiner Flugbahnen nach. Griechenland nach der Junta wird anders betreten – früher mieden es viele. Im Koordinatensystem des Ost-West-Konflikts und des Nord-Süd-Gefälles kann sich niemand darüber hinwegtäuschen, daß die Welt nur von einer dünnen Schale individueller Freiheitsmöglichkeiten umgeben ist, die ein Mindestmaß an intellektuellem und materiellem Wohlstand voraussetzen. Wir gehören zu den Freizügigen, deren egoistischer Materialismus sich in anderen Kontinenten zynisch unsozial ausnimmt.

Die Welt ist asynchron. Doch die Ungleichzeitigkeit der Ereignisse gibt uns westlichen Industriebürgern keinen Vorrang. Niemand sollte unterschätzen, wieviel andere Länder uns zu bieten haben, gerade weil es zumeist das Unbezahlbare ist. Die Unterschiede, die fruchtbar werden können, liegen tief im Weltverständnis, in Kontinentendimensionen der Mentalität.

Eines ist unumstößliche Tatsache: Wer heute als Angehöriger einer Industrienation durch andere Kontinente reist, ist Zeitgenosse einer Welt, in der jeder vierte von 500 Mark im Jahr leben muß. Einer Welt, auf der jährlich noch immer Millionen verhungern, während das Atomwaffenpotential in West und Ost irrationale Dimensionen längst überschritten hat: Es reicht aus, um die Menschheit fünfzehnmal zu vernichten.

Während wir mit Linienmaschinen oder mit Charter in der dünnen Atmosphäre um den Globus unterwegs sind, kreisen über uns Beobachtungssatelliten und reflektieren uns Frühwarnsysteme zur Verhinderung des 3. Weltkriegs. Milliarden Menschen, die in Asien, Lateinamerika oder Afrika auf einer materiellen Stufe existieren wie Europäer im Mittelalter, werden uns immer vernehmlicher und in nicht ferner Zukunft vielleicht mit der Entschlossenheit der Verzweiflung mit der sozialen Frage der Welt bedrängen. In jedem Düsenklipper reist das Problem mit. In jedem Hotelzimmer wohnt es. An jedem Parlamentsschreibtisch harrt es als Bewußtseinsschatten. Wir kommen nicht aus.

Bonn, 7. Mai 1976

Auf seiner 239. Sitzung berät der 7. Bundestag die Drucksache 7/4121 »Bericht der Enquete-Kommission Auswärtige Kulturpolitik gemäß Beschluß des Deutschen Bundestags vom 23. Februar 1973 – Drucksache 7/215 (neu)«. Es sprechen an diesem Freitagmorgen die Abgeordneten Kern, Schulze-Vorberg, Schmitt-Vockenhausen, Köhler, Möllemann, Picard, Lattmann und Moersch – letzterer als Staatsminister im Auswärtigen Amt.

Vizepräsident Schmitt-Vockenhausen läßt sich in seinem Beitrag vom Abgeordnetenpult zu der Einschätzung hinreißen: »Wenn heute der Bericht der Enquete-Kommission behandelt wird, so hat das Hohe Haus allen Grund, sich darüber klarzuwerden, daß das nicht nur ein Bericht für das Parlament ist, sondern... auch ein Buch der Hoffnungen für viele im In- und Ausland... Wenn es nicht gelingt, zumindest wichtige Hoffnungen

zu erfüllen, dann wird dieser Bericht nachher ein Buch der enttäuschten Hoffnungen sein... Ich stelle noch einmal mit Freuden
fest: Dieser Bericht ist eine der am meisten gelesenen Drucksa-
chen dieses Hauses.«

Meinen Beitrag finde ich im Protokoll so eröffnet: »Herr Präsident! Meine Damen und Herren! Beobachtet vielleicht, aber
kaum kurzfristig reportiert von dem Teil der Medien, der der
Tagespresse zugehört, führen wir hier eine Debatte, der mehr
Bedeutung zukommt, als der Zahl der anwesenden Abgeordneten entspricht.«

Daten über Daten. Fünf Fassungen hat der Entwurf zum
Schlußbericht im Umfang von mehr als 300 Schreibmaschinen-
seiten erhalten, ehe es unter den zehn Kommissionsmitgliedern
zur Schlußabstimmung kam. In über fünfjähriger Arbeit, mit der
surrealen Langsamkeit, mit der Bürokratien einander abtasten
und sich wechselseitig beschäftigen, in 61 Vollsitzungen und 312
Arbeitsgruppensitzungen, im Multilog mit 185 Behörden und
Organisationen im Inland, nicht zuletzt auf vieltausend Flugki-
lometern durch alle Kontinente haben die Sachverständigen und
Abgeordneten ihre Analyse der Inhalte und Instrumente der
Kulturpolitik des Auswärtigen zustandegebracht. Sisyphus
stand Pate. Aktenmauern, die einen Güterwagen füllen könnten,
werden eine Zeitlang noch durch die Archive geschoben. Myriaden Notizen, die niemand wieder ansieht. Eines Tages frißt sie
der Papierwolf. Doch der Extrakt geht in die Annalen ein.

Hat die Enquete, die erste ihrer Art, für Parlament und Öffentlichkeit gelohnt? Alle Redner im Plenum beteuern es. Ob sie
recht behalten, wird man im nächsten Bundestag erfahren, wenn
die Regierung zu den 130 Empfehlungen der Kommission Stellung nimmt und das Parlament Konsequenzen zieht. Es geht um
die Neuorganisation und Verbesserung der kulturellen Außenpolitik: Vom Arbeitsgebiet der kulturellen Mittlerorganisationen, wie zum Beispiel des Goethe-Instituts bis zu den deutschen
Schulen im Ausland, von der Rolle der Medien über Äquivalen-
zen zwischen Schulabschlüssen und Universitätsexamen bis zum
neuen Typ des Kulturreferenten an den Botschaften, der nicht

mehr aus der Karrierediplomatie stammen muß, vielmehr sollen Sachverstand und Ideenreichtum aus der kreativen Praxis einbezogen, also Berufungen von »Laien« ermöglicht werden. Denn mehr als andere politische Aufgaben, so sagt der Bericht, ist die kulturelle Außenpolitik »abhängig von Einzelpersonen, von ihrem Einfühlungsvermögen, ihrer Detailkenntnis, ihrer Initiative und ihrem individuellen Stil«.

Das Koordinieren der Aktivitäten von nicht weniger als elf Bundesressorts und obendrein der Mitwirkung von elf Bundesländern, die alle ebenfalls kulturelle Außenpolitik betreiben, stellt eine Aufgabe in Permanenz dar, die der Lösung des Gordischen Knotens ähnelt – noch dazu auf einem Gebiet, in dem das Schwert das untauglichste aller Instrumente ist.

Die anwesenden Parlamentarier sind interfraktionell gestimmt, das gibt es noch. Angesichts der Dauerkonfrontation zwischen Koalition und Opposition kann man darüber staunen, daß der Schlußbericht der Enquete-Kommission nahezu durchgehend einstimmig verabschiedet wurde. Im Einleitungskapitel gibt es allerdings einen nicht unerheblichen Dissens: Für die Mittlerorganisationen fordert die CDU/CSU-Fraktion der Intention nach mehr zentrale Steuerung.

»Selbstverständlich«, so die Union, »muß aber der Staat das Recht haben, seine Unterstützung dann zu versagen, wenn das Ansehen oder das übergeordnete politische Interesse der Bundesrepublik Deutschland Schaden erleiden würde.« Eine Formulierung, die ähnlich wie Paragraph 1 der Straßenverkehrsordnung für die unterschiedlichsten Auslegungen Raum läßt, und somit an Schreibtischen der Ministerialbürokratie Eigenmächtigkeiten hervorrufen müßte.

SPD und FDP formulierten statt dessen mit ihrer Mehrheit: »Bei einer so differenzierten und sensiblen Aufgabe, wie die auswärtige Kulturpolitik sie ihrem Wesen nach darstellt, liegen gelegentliche Konflikte zwischen kulturpolitisch entscheidender Institution und den Mittlerorganisationen in der Natur der Sache. Die Kommission sieht in der Vielfalt der Meinungen und der künstlerischen Darstellung einen Vorzug, der auch im Ausland

sichtbar werden sollte. Im Rahmen einer freiheitlich-demokrati-
schen Gesellschaftsordnung müssen sich Konflikte sachlich austragen lassen. In gravierenden Konfliktfällen in diesem Bereich
soll der von der Enquete-Kommission vorgeschlagene Unter-
ausschuß für kulturelle Außenpolitik des Deutschen Bundestags
eingeschaltet werden.«

In der Tat ist die Autonomie der Mittler die einzige Garantie
dafür, daß Kultur in der auswärtigen Politik nicht durch Kultur-
verwaltung ersetzt wird. Diplomatie ist geeicht auf Kompromisse, Kunst ist kompromißlos – das ist der natürliche Konflikt-
stoff der kulturellen Außenpolitik.

Prag, Mitte April 1977

Über Bayrisch-Eisenstein sind wir am Ostersonntag eingereist.
Die Nordhänge des Böhmerwaldes waren verschneit. Auf unge-
räumten Straßen mußten wir anfangs Schritt fahren. Abwärts in
zwei Wagen, vor uns das Übersetzerehepaar Franz und Helga
Künzel. Sie die Ortskundigen, wir die Neulinge, die vieles gehört
hatten und Genaueres wissen wollten. Fragen über Fragen. Wieviel kann man herausfinden in wenigen Tagen unvoreingenom-
mener Aufmerksamkeit?

Volksliedlandschaft gegenläufiger Hügel, blaß im Vorfrüh-
ling. Vorüber an gutsgroßen Feldern landwirtschaftlicher Pro-
duktionsgenossenschaften mit Neubauten in Haufendörfern. In
Pilsen unliebsamer Aufenthalt. Ein Bier im historischen Ur-
quell-Bräuhaus, genossen mit Prager Schinken in aller Unver-
fänglichkeit eines ambulanten Nachmittags, führte fast zur Fest-
nahme. Das sollte man wissen: 0,0 Promille ist dortzulande
Gesetz.

Als wir weiterfahren wollten, stoppte uns in der ersten Kurve
ein Polizeiwagen. »Paß, Visum, Kraftfahrzeugschein!« Künzel
dolmetschte die Kette der Unklarheiten. Einen Augenblick wurden die Uniformierten scharf. Ich solle einsteigen und mit zur
Wache kommen. Meinen Diplomatenpaß drehten sie in den

Jungeleutehänden. Gaben ihn schließlich heraus, nachdem ich mich weigerte und Künzel Verständigungskünste heraufbeschwor. Marlen in unserem Wagen hatte plötzlich ausgesehen, als sei sie hinter die Scheibe in weite Ferne gerückt.

Einfahrt im Rückstau des Feiertagsverkehrs. Im Hotel ›Alcron‹ nahe dem Wenzelsplatz erste Botschaften, Telefonate, Gespräche in der jeweils möglichen Offenheit. Eine Neuinszenierung des »Tod in Venedig« könnte man dort drehen, zwischen Plüsch und Spiegeln. Im Foyer beugen sich Herren bedeutungsschwer über ostwestliche Aktentaschen. Wien feiert im Speisesaal mit dem Konzertgeiger noch immer das 19. Jahrhundert. Über die Treppen scheinen Generationen in den Kostümen vergänglicher Herrschaft zu schreiten. Die Gardinen auf dem Zimmer verschließen die Außenwelt so schwer wie ein Bühnenvorhang. Aus dem Radio schwirrt es polyglott. Die DDR vernimmt man deutlicher als die Bundesrepublik.

Von hier verliefen meine Kreuzwege zu unterschiedlichen Ufern. Den Kulturreferenten der CSSR-Botschaft in Bonn hatte ich um Kontakte zum Kulturministerium, zur Staatsagentur Dilia und vor allem zum Tschechischen Schriftstellerverband gebeten. Gleichzeitig hatte ich nicht verschwiegen, daß ich auch Autoren treffen wollte, die ich von früher kannte, darunter einige, die gegenwärtig nicht dem Schriftstellerverband angehören. Das war deutlich. Wie weit gelang nun vor Ort das doppelte Vorhaben?

Gegenversuch zur Polarisierung: Die große Vereinfachung, als drehe sich alles um zwei einander gegensätzliche Pole, ist überall eine Zeitkrankheit. Die Wirklichkeit ist immer vielschichtig, um so mehr am Schnittpunkt zwischen Geist und Politik. Die Notwendigkeit zu differenzieren bestätigte sich in Prag in den Gesprächen mit Freunden und Fremden auf Schritt und Tritt.

Ich fand nichts Eindeutiges in der Jahrtausendstadt. Alle Menschen waren hintergründig. Sie erzählten Geschichten, die vieles ausließen. Kamen von weither, waren einzelne in einer Bevölkerung, die es in Jahrhunderten gelernt hat, wechselnde politische Systeme zu überdauern. Schablonen galten nicht. In diesem historischen Winkel, in dem so viel Wissenschaft und Kultur auf die Welt kamen, spürte man ein Klima unwandelbarer Daseinsgesetze. Wen wundert es, daß auch hier nicht jeder Funktionär ein Unmensch und ebenso nicht jeder Unangepaßte die personifizierte Humanität war? Es gab viel List unter den Leuten, und mancher sprach mit jedem anderen wieder anders. Am eindrucksvollsten aber erschien mir ein fast allgemeines Verlangen, Menschen gelten zu lassen, eine Person unter Personen zu sein.

Hintergrundstadt, in der vieles dahinbröckelt. Nasse Kälte kroch durch die Straßen. Braunkohlenruß aus allen Kaminen senkte sich auf das Kopfsteinpflaster – Rutschbahnen unter wässrigen Schneeflocken. So gingen wir, viel zu dünn bemäntelt, früh und spät durch das große Museum mit seinen tausend Palästen. Prag hat Probleme wie eine westliche Millionenstadt. Man baut eine U-Bahn und ist sehr spät an das Projekt einer Umgehungsstraße herangegangen. Die Altstadtstraßen sind verstopft durch parkende Autos. Geschäftigkeit pulsiert in eindrucksvollem Konsumstandard, um den Sowjetbürger Tschechen und Slowaken beneiden können. Hunderte von Gebäuden sind eingerüstet, doch auf den Baustellen sieht man tagsüber nur vereinzelt Handwerker. Weder hinreichende Mittel noch Hände bewahren Barockfassaden vor dem Zerfall.

»Wir haben ein anderes Beschäftigungsproblem als Sie gegenwärtig in der Bundesrepublik«, sagt Robert Jurak, Generaldirektor der staatlichen Agentur für Theater und Literatur. »Wir haben nicht genügend Arbeitskräfte, um eine halbe Million offene Stellen zu besetzen, obwohl es auch bei uns inzwischen Gastarbeiter aus mehreren Ländern gibt.«

Genugtuung ist ihm anzumerken. In der Tat ist der wirtschaftliche Aufstieg mit umgerechnet etwa 700 DM Realkaufkraft pro Industriearbeiter bei verhältnismäßig billigen Mieten die wichtigste Ursache für die relative Zufriedenheit der Bevölkerung. Optimismus drückt sich auch in der Tatsache aus, daß mit Hilfe einer finanziell großzügigen Familienpolitik die Geburtenrate, die zu den niedrigsten der Welt gehörte, in wenigen Jahren auf mehr als das Doppelte anstieg (von 10 auf 21 pro Tausend). Von daher steht das politische Engagement der Intellektuellen zu einer Entpolitisierung breiter Bevölkerungsgruppen, die einen bescheidenen Wohlstand genießen, in Kontrast.

Wir sitzen einander in seinem Büro gegenüber. Jurak verwaltet ein Monopol, mit dem umzugehen sich auch westliche Verleger durchaus gewöhnt haben. Ein weltanschaulich teilweise neutrales Thema ist die beste Gesprächseröffnung: Fragen des internationalen Urheberrechts und seiner Erweiterung auf neue Techniken. Ihn interessiert das Novellierungsvorhaben auf dem Gebiet des Fotokopierrechts in der Bundesrepublik. Eine Fachkonferenz zum Copyright oder zur Information über neue Drucktechniken etwa am Rande der Frankfurter Buchmesse würden Spezialisten aus der CSSR gern besuchen. 1976 hat die Agentur 560 Übersetzungskontrakte mit dem Ausland abgeschlossen, darunter 167 mit dem Westen. Die Quantität ist nicht das Problem.

Nach einigem Auftauen trinken wir zum Kaffee einen vorzüglichen Kirschbrand aus seiner Privatschatulle. Natürlich weiß Jurak, daß heute im Parteiorgan *Rude pravo* wie zum Empfang ein Zweispalter über meinen Aufsatz »Freiheit in der Bundesrepublik« in der Zeitschrift ›L 76‹ erschienen ist – maßvoll in der Form, doch im Kern die alte Auseinandersetzung des dogmatischen Kommunismus mit dem, was man hier Sozialdemokratismus nennt.

Überhaupt ist mein Eindruck: Jeder weiß alles. Wen ich auch treffe, er gibt sich über meine vorangegangenen Schritte informiert. Prag eine gläserne Stadt? Während ich dieser Vorstellung nachsinne, spricht mein Gegenüber von der einseitigen Auswahl, die westliche Verleger aus der heutigen Literatur der CSSR treffen. Das ist der Punkt. An der Forderung nach künstlerischer Pluralität, die von inhaltlicher Freizügigkeit niemals zu trennen ist, scheiden sich die Geister. Das offen vor offiziellen Kulturverwaltern auszusprechen, hat durchaus eine politische Funktion.

Viel genauer wird diese geistige Auseinandersetzung am nächsten Tag bei meinem Besuch im Haus der Schriftsteller angesprochen. Die Kulturreferentin unserer Botschaft, Irene Gründer, begleitet mich. Sie ist eher skeptisch, was die Gründlichkeit des Gesprächs anbelangt, denn es ist auf 12 Uhr angesetzt, an ein gemeinsames Essen sei aber wohl nicht gedacht. Gerade das geschieht dann: Donát Sajner, leitender Sekretär des Verbands Tschechischer Schriftsteller, und Rudolf Kalcík, Direktor des Literaturfonds, empfangen uns mit der großzügigen Gastfreundschaft, die ich ähnlich in den Residenzen der Schriftstellerverbände in Sofia, Damaskus oder Moskau kennengelernt habe. Wenn eine Verständigungsebene einmal hergestellt ist, sind die Autoren, die diesen Verbänden vorstehen, auch keineswegs zimperlich. Natürlich sind sie Politiker in der oberen Rangordnung ihres Systems.

Von vornherein bat ich darum, die Probe auf das Exempel anzustrengen, wie offen man miteinander reden könne – auch in schwierigen Fragen. Während man uns mit fünf Gängen und ebensoviel Getränkesorten bewirtete, verglichen wir zunächst die soziale Lage der Schreibenden in unseren Ländern. Für die Mitglieder des tschechischen Verbands, der sich bald wieder mit der slowakischen Autorenorganisation zu einem Dachverband vereinigen will, ist von den Verdienstmöglichkeiten über Erholungsheime bis zur Altersversorgung in einer Weise gesorgt, für die es bekanntlich in der Bundesrepublik keinen Vergleich gibt. Der Preis ist in allen östlichen Ländern ähnlich absolut.

Sajner, Jahrgang 1914, hat Lyrik und Romane veröffentlicht und als Verlagslektor wie als Hörfunkredakteur die typische Karriere eines Kulturfunktionärs hinter sich gebracht. Während er unseren Dialog dolmetschen läßt, hört er doppelt zu. Wenn ich mich nicht täusche, ist dieser Mann ansprechbar für ein bestimmtes Bemühen, auch wenn über die Härte der politischen Kontur keinerlei Zweifel besteht. Jedenfalls geht er ein auf die direkte Tonart. Es entsteht etwas wie Unmittelbarkeit. Auf dieser Grundlage beginne ich, von der Unbotmäßigkeit der Literatur in vielen Ländern zu sprechen.

Es kann ihm nicht verborgen geblieben sein, daß meine Frau und ich gestern abend stundenlang mit Pavel und Jelena Kohout zusammen waren, anfangs in ihrer Wohnung am Hradschinplatz, dann unterwegs in der Stadt. Das Wissen um die Verbindung zur Charta und mancherlei Nebentreffpunkte in diesen Tagen ist geradezu eine Voraussetzung unseres Gesprächs. Es gab niemanden unter den Kundigen in irgendeinem Lager, der es nicht der Mühe wert gefunden hätte, das eine zu versuchen und das andere nicht zu lassen.

Sajner schweigt, aber er hört sich viel an, solange von jenen Kulturbotschaftern die Rede ist, die über die Grenzen wechseln, sei es stellvertretend durch ihr Werk, und als Schriftsteller und Künstler ihr Land draußen um so überzeugender vertreten, je weniger angepaßt sie zu Hause sind. Allerdings gilt das in unterschiedlichen Graden für unterschiedliche Länder. Nur wer sich selbst nicht schuldlos spricht, kann mit Andersdenkenden darüber sprechen.

So kommt es, daß wir relativ freimütig Bedingungen für intensiveren Kulturaustausch schon vor dem letzten Punkt unter das Kulturabkommen erörtern können. Nicht alle schwierigen Fragen sind durch Tabus versperrt. Wenn Delegationen von Schriftstellern vielleicht in absehbarer Zeit wieder hinüber und herüber reisen, könnten auch tschechische und slowakische Autoren darunter sein, die in aktuellen Auseinandersetzungen eher mittlere Positionen einnehmen, aber ebenfalls in der Bundesrepublik durch Übersetzungen bekannt geworden sind.

Es ist wichtig, die ›Charta 77‹ zu sehen, aber es ist falsch, nur die Charta zu sehen. Menschenrechtsbewegungen im Zeichen der Schlußakte von Helsinki haben spezifische Voraussetzungen in unvergleichbaren Gesellschaftssystemen. Ratifiziert wurde auch vom Prager Parlament die Forderung: »Die Teilnehmerstaaten anerkennen die universelle Bedeutung der Menschenrechte und Grundfreiheiten, deren Achtung ein wesentlicher Faktor für den Frieden, die Gerechtigkeit und das Wohlergehen ist.«

Auf dieser Grundlage Kultur, Literatur als Mittel der Verständigung zu erproben, im Spannungsfeld zwischen Staatskultur, Kulturstaat und Wirtschaftsstaat, ist zwischen West und Ost immer auch eine Sache von Person zu Person.

Wenn das nicht gelingt, wird in Prag eine Hoffnung begraben. Eine Hoffnung, die idealistisch und realistisch, aber auch ungeheuer verletzlich ist durch alle Vergröberungen. Jedenfalls ist sie so vielschichtig wie die Köpfe, die sie bewegen. Jede kleine Öffnung transportiert ein Stück menschlicher Erleichterung. Das ist kein Gelände für Deklamationen, sondern für praktische Überlegungen. Es gibt eine Menge zu tun – öffentlich und auf anderen Wegen. Man kann aus Prag nicht wiederkehren ohne Betroffenheit.

In den letzten Stunden des Aufenthalts ging ich noch einmal mit Pavel durch die Stadt. Er war in seinem Jeansanzug am frühen Morgen ins Café Slavia gekommen. Wieder stellte ich ihn mir als Steuermann auf einer Barkasse vor, blond, mit den wasserhellen Augen, dem breiten ruhigen Gesicht, das gern lacht, und mit dem wiegenden Schritt. Ihm haftet nichts Literatenhaftes an. Vor allem wirkt er ganz unfanatisch in seinem Widerstand.

Wir tauschen Habseligkeiten aus. Wenn man ihnen die Prager Wohnung nimmt, werden Pavel und Jelena aufs Land gehen, wo sie ein Sommerhaus besitzen. Sie werden alles stehenlassen, die Möbel, die Bücher. Zwangsräumung zu den Speichern des Staatssicherheitsdienstes? Sie haben Hoffnung, daß Václav Havel aus dem Gefängnis entlassen wird. Wir sprechen über Belgrad – die Fortsetzungskonferenz von Helsinki. Die Erwartungen, die sich hier daran knüpfen, erhöhen die Verantwortung für den Westen. Pavel Kohout ist einer, der Auswege immer für möglich hält.

Er ist erfindungsreich. Beim Begräbnis Jan Patočkas hat er sich, um nicht gehindert zu werden, in der Nacht vorher bei Freunden verborgen, ist früh auf den Friedhof gegangen und plötzlich beim Trauerakt hinter einem Grabstein aufgetaucht.

»Wissen Sie, Dieter«, sagt er, »ich bin zu sehr Theatermensch. Das alles geschieht hier auf einer großen Bühne. Wir spielen unsere Rollen. Nein, wenn es darauf ankommt, werde ich nicht hinter Schloß und Riegel gehen, falls man mir die Entscheidung zur Emigration offenläßt. Aber ich bleibe, wir bleiben, wenn es nur irgend möglich ist. Kein Wort in der Charta widerspricht den Gesetzen unseres Landes.«

Zum Abschied kauft er mir einen Weinpokal. Altes Perlglas mit goldenem Rand. Es ist gut, dem anderen etwas mitzugeben, das er handgreiflich gebrauchen kann.

»Grüßen Sie die Freunde«, sagt er. Dann taucht er unter zwischen den Fußgängern.

Bonn, 4. Mai 1977

Der Haushaltsausschuß berät abschließend den Einzelplan für das Auswärtige Amt. Es gibt zum Abschnitt kulturelle Außenpolitik eine Empfehlung des mitberatenden Ausschusses für Bildung und Wissenschaft, die dort einstimmig, also interfraktionell am 22. April beschlossen wurde: Der Haushaltsausschuß möge 6 Millionen Mark zusätzlich für die Kulturpolitik des Auswärtigen bewilligen, davon 2,5 Millionen für das Goethe-Institut, ebensoviel für den Deutschen Akademischen Austauschdienst und eine Million als Programmreserve für die Kulturabteilung des Auswärtigen Amts.

Die Begründung war dringend Außenpolitikern und Haushaltexperten der Fraktionen zugeleitet worden. Hinter den Kulissen hatten die notwendigen Gespräche stattgefunden. Jetzt wurde entschieden über die Frage: Würde der Haushaltsausschuß des Bundestags einmal um einen so begrenzten Betrag ohne Rücksicht auf Präzedenzen und Begehrlichkeiten anderer Ministerien der Kultur eine Priorität einräumen?

Da saßen sie im Rechteck hinter ihren Handbibliotheken aus Statistiken, Haushaltsgesetzen und Stellungnahmen des Bundesrechnungshofs, Mitglieder des mächtigsten Ausschusses als Bücherwürmer in rauchgeschwängertem Kunstlicht, Paragraphengesichter, faltig vor Fachverstand und Erfahrungen hintergründiger Machtkämpfe zwischen Parlament und Ressorts. Saßen dort als hofierte Abgeordnete, ohne die kein Etat durchs Nadelöhr geht. Sie verbaten sich schlicht und einmütig jedes mitberatende Votum eines Fachausschusses.

Es wurde festgestellt, »daß wir es gar nicht lieben, wenn Fachausschüsse uns ins Handwerk pfuschen«. Und: »Mit Geld machen wir doch die Politik.«

Allenfalls als Bittsteller durfte man sich nähern. Zu solcher Bitte freilich bestand Grund um der Reputation der Bundesrepublik willen, denn ihren kulturellen Mittlern hat man die Haushalte für Kulturprogramme in einer Weise gekürzt, die fast nur noch die Aufrechterhaltung der Apparate garantiert, ohne Möglichkeit zu handeln. Es drohen erhebliche Einschränkungen des Deutschunterrichts im Ausland und die Schließung von Kulturinstituten auch in Ländern, die für die Bundesrepublik wichtig sind. Geht nicht das Bild vom »häßlichen Deutschen« in Europa um?

Festgemauert aber stehen Organisation und Verwaltung mit immer steigenden Kosten, so beim Goethe-Institut:

Etat 1977
Verfügbare Mittel   109 243 Mio DM
davon für Personal und sächliche
Verwaltungsausgaben   90 067 Mio DM
bleiben für kulturelle Programme   19 176 Mio DM
(Musik/Theater, Vorträge, Ausstellungen,
Film/TV, Sprache/Buchversand)

Wenn das Parlament keine Änderung beschließt, entwickeln sich diese Zahlen vorhersehbar weiter wie folgt:

Etat 1980
Verfügbare Mittel   118 600 Mio DM
Personal, sächliche Verwaltung   115 486 Mio DM
bleiben für Kulturprogramme   3 114 Mio DM

Dann wäre die Verwaltung sich selbst genug. Bei den übrigen Mittlerorganisationen sieht es kaum anders aus. Auf meinem Schreibtisch im vierten Stock des Langen Eugen häufen sich Brandbriefe der Betroffenen, die alles andere als Querulanten sind, vielmehr verzweifelte Kulturbotschafter unseres Landes. Deutsche Armutszeugnisse aus Paris und Thessaloniki, Stockholm und Rom, Los Angeles und der Dritten Welt.

Was kann ich antworten? Gespannt verfolge ich die Diskussion im Haushaltsausschuß. Natürlich weiß ich, daß gestern Absprachen getroffen wurden und kaum noch etwas zu retten ist. Aber es bleibt eine widersinnige Hoffnung. Ich beuge mich über Schultern und erinnere an Argumente. Kollegengesichter lächeln gequält zurück. Die eigene Fraktion erscheint mir jetzt so weit abgerückt wie jede andere. Die zuständige Staatsministerin, Hildegard Hamm-Brücher, schickt einen Blick Vergeblichkeit herüber.

Da erinnert der Vorsitzende Albert Leicht an die Empfehlung der Kulturpolitiker: »Wird das aufgegriffen?«

Der Abgeordnete Picard (CDU) meldet sich: »Wird als Antrag aufgenommen.« Es folgt eine Begründung, die niemanden in diesem Kreis der schwer Beeindruckbaren beeindruckt. Immerhin sagt er: »Es gibt kaum im ganzen Haushalt eine Position, die wir sinnvoller verbessern können.«

Der Abgeordnete Bußmann (SPD) erklärt sich »mit der Zielsetzung einverstanden«, sieht aber keine Deckungsmöglichkeit für die 6 Millionen.

Die Argumente stehen kopf. Niemand kann behaupten, daß die Haushaltsexperten auf diesem Gebiet wie auf manchem anderen über das Wissen der Fachausschüsse verfügen, die zum Beispiel im schwedischen Parlament ihre eigene Haushaltskompetenz besitzen. Hier wird nach anderen Kriterien gehandelt. Nach etwa einer Stunde fällt die Entscheidung. Die FDP enthält sich der Stimme. CDU und CSU tun sich aus der Opposition heraus ziemlich leicht mit dem Ja, an dem man zweifeln müßte, falls dieselben Politiker die Regierungsfraktion verkörperten. Die SPD bringt den Antrag mit einer Stimme Mehrheit zu Fall. Das ist die Wahrheit. Erklärungen gibt es viele, Entschuldigung keine.

Bundeskanzler und Finanzminister teilen der SPD auf der Fraktionssitzung mit, daß die Steuereinnahmen 1977 voraussichtlich 2,5 Milliarden Mark mehr ausmachen als erwartet. Am Vormittag haben sich die Spitzen der Koalitionsparteien auf die Veränderung des Steuerpakets geeinigt. Wir Fraktionsmitglieder haben das Ergebnis durch die 13-Uhr-Nachrichten im Hörfunk erfahren. Dennoch diskutieren einige auf der Nachmittagssitzung mit einer Leidenschaft darüber, als gäbe es noch etwas zu entscheiden.

44 Neinstimmen, darunter meine, wenden sich gegen die vorgesehene Senkung der Vermögenssteuer zugunsten der reichsten Leute und Unternehmen in der Bundesrepublik. Spezialisten haben ausgerechnet, der daraus resultierende Steuerausfall betrage 1,5 Millarden Mark.

Fehlten nicht 6 Millionen für die kulturelle Außenpolitik? Die Bundesrepublik ist ein Wirtschaftsstaat. Kultur bleibt in ihr ein zu entwickelndes Land.

Autopsie

Antwort auf eine Umfrage

Der hier schreibt, setzt sich ins Präsens: noch hat er mit sich zu tun, er kommt vor auf der Welt. Nicht besonders deutlich, aber immerhin. Man hat ihm eine Frage gestellt. Jemand will ausprobieren, ob ihm ein Nachwort in eigener Sache einfällt – für seinen Tag X.

Eine gute Frage, sie verleitet zum Antworten. Man erkundige sich bei den Redseligen, damit sie sich verraten. Es schweigt sich schwer zwischen Buchdeckeln. So sehr sich Autoren um den Rückzug hinter die eigene Linie mühen – das Versteck gelingt nicht. Aus dem Stoff fürs Verstummen sind andere Berufe gemacht. Wer schreibt, rückt heraus mit der Sprache, solange er kann: jede Zeile ein Nachruf bei Lebzeiten.

*

Wenn es aus ist, habe ich vorzuschlagen, sollte man unfeierlich mit dem Rest umgehen. Man könnte allenfalls erwähnen: Er war einer, der seine Spur zu ziehen versuchte wie viele andere. Einer, dessen Voraussetzungen nicht üppig waren. Keine außerordentliche Herkunft, keine ungewöhnlichen Talente – das konnte ihm nicht lange verborgen bleiben. Als er es herausgefunden hatte, bemühte er sich fortan zu vermeiden, was ihm ohnehin nicht glücken wollte.

Mit einundzwanzig und keineswegs mündig hatte er eine Diktatur und einen Krieg hinter sich. Er hatte mehr Erfahrung des Todes, als zum Leben gut ist. Das vergaß er nicht wieder. Er blieb ein Friedhofgänger, blieb auf dem Sprung. Über seinem Schreibtisch, auf der Fensterbank, stand ein Totenschädel, der ihm aus Knochenhöhlen bei der Arbeit zusah. Vermutlich stammte er vom Skelett eines Chiemgaubauern, jedenfalls hatte er ihn an einem Ostersonntag aus dem Beinhaus einer Dorfkirche aufgeklaubt. Zugegeben, ein etwas drastisches *memento mori*. Doch falls er sich anstrengte, dem Ganzen einen Sinn zu geben, war es ein Sinn, der mit dem Ende begann.

Mit einundzwanzig, so gut wie verheiratet, hätte er studieren sollen, aber damals hielt er es noch mit den fröhlichen Ungebildeten. Aus der Uniformzeit bezog er die Abneigung gegen Lehrdrill, suchte lieber sein Heil bei den Büchern. Er wurde schwerlich ein Theoretiker. Was ihm an Abstraktion abging, hoffte er durch Praxis auszugleichen. Gern erzählte er, daß er mit siebzehn von Hause fort mußte und dann nie mehr einen Pfennig bekommen hatte. Er war so *selfmade*, daß er anderen damit auf die Nerven ging. Ein Haus, zwei Söhne und vier Bäume – waren das seine Tatsachen?

Er wäre lieber beweglicher gewesen, ein wenig Schauspieler, doch in seiner Jugend muß er irgendwo einen Stock verschluckt haben. Etwas niedersächsisch Dachgiebelsteifes haftete ihm unkorrigierbar an. Er war kein Held im Betreten von Ansammlungen. Oft wußte er nicht, wo er die Hände lassen sollte. Auch Freiübungen lockerten ihn nur wenig. Aber wer kommt schon heraus aus dem Kittchen, in das er zeitlebens eingesperrt ist? Wenigstens wenn er in Stimmung war, trug er es mit Fassung.

Gern wäre er mutig gewesen, aber dafür war er nicht vorherbestimmt. Eine Zeitlang wollte er Arzt werden, doch er konnte kein Blut sehen. Lebhaft wünschte er sich ein schärferes Gedächtnis, aber Gesichter und Namen entfielen ihm wider alle Höflichkeit. Statt dessen merkte er sich mühelos Zahlenreihen, mit denen er nicht das geringste anfangen konnte. Philosophische Lehrsätze andererseits mußte er immer wieder nachschlagen.

Gewiß hat er bedauert, daß es ihm gänzlich an Dämonie fehlte. Ihm blieb nur der halbwegs aufrechte Gang. Zwar hatte er sich frühzeitig von norddeutschen Vorfahren über die Mainlinie abgesetzt, lebte als Preuße in Bayern, aber die Mundart lernte er nie. Er dilettierte als Schwabinger, doch er konnte machen, was er wollte: wo er sich auch aufhielt, wirkte er unweigerlich seriös. Es half nichts, daß er wider jeden Stachel löckte – man traute ihm einfach nichts Umstürzlerisches zu. Manchmal konnte er dreinschauen, daß wenig fehlte und Kassenboten hätten ihm inhaltsschwere Mappen anvertraut. Obendrein war er als Beichtrohr auf die Welt gekommen: wehrlos ausgeliefert, wenn ihn um Mitternacht fremde Probleme per Anruf heimsuchten.

Aus allem schließe niemand, er sei Altruist gewesen. Nein, so profillos war er denn doch nicht. Nur arrangierte sich das meiste in seinem Dasein mit einer gewissen Zwangsläufigkeit. Die Augenblicke der Wahrheit lagen für ihn im Hinnehmen von Unabänderlichem. Lang geraten und leicht beirrbar, war er ein Mann im Sog der Ereignisse. Wenn er dennoch ziemlich viel handelte, beruhte das eher auf einem Irrtum. Er tat es nur, weil etwas geschehen mußte. Wenn ein halbes Dutzend Bergsteiger bei Schneesturm in einer Hütte Unterschlupf findet und alle frieren, muß einer damit anfangen, Feuer zu machen. Nach diesem Rezept handelte er, aber nur weil er ungern fror. Niemand verwechsle das mit Tatendrang. Im Grunde war er resignativ gestimmt, wie sich das gehört.

Manche Episode ist dafür typisch. Zum Beispiel wollte er nie einen Hund besitzen. Im Gegenteil, allen Vierbeinern ging er geräumig aus dem Weg, hatte auch sonst überfeinerte Einwände. Seine Familie indessen nahm darauf keine Rücksicht, wünschte sich etwas Lebendiges, pochte so sehnlich auf Kreatürlichkeit, daß ihm nichts anderes übrig blieb. Erst kam er auf den Kater, dann auf den Hund. Natürlich literarisierte er auch diese Erfahrung, indem er die Setterhündin Lara nannte. Als Lara Einzug in seine Umwelt gehalten hatte – wer war da der eifrigste Ausgeher? Wer mochte nicht mehr ausschreiten ohne Wedelschweif um sich herum, Aug in Auge mit dem Tier? Wer kaufte Kopffleisch auf der Freibank und machte auch sonst überraschende Fortschritte in der Beziehung zum Animalischen? Natürlich er. Man sieht, er bedurfte des Anstoßes. Wie mancher passive Charakter reagierte er langsam, dann aber zäh auf zwischenmenschlichen Zuspruch.

Weil er ein schlechter Untergebener war, eignete er sich nur für den freien Beruf. Mit Anfang dreißig, nach sieben Ansätzen, kündigte er den Job im Verlagswesen, das er von der Pieke auf gelernt hatte. Er schrieb gern, also kamen ein paar Bücher zustande. Weil er sich nicht wehrte, ließ ihn sein Verleger sogar in sechseinhalb Monaten um die Welt katapultieren. Aus fünf Kontinenten brachte er Erlebnisse heim, die auch zu Buch schlugen. Unterwegs hatte sich in ihm zum Beispiel die Meinung gebildet, daß die Welt das soziale Handeln dringender braucht als das sozialistische, dessen Resultate bislang fragwürdig blieben – da das auf andere Weise auch bei fast allen kapitalistischen Prinzipien der Fall war: gab es einen dritten Weg? Zum Beispiel dachte er von da an nicht mehr, Europa sei noch der Mittelpunkt. Er wurde immer skeptischer gegenüber jeder Spezies von Ideologien, die die Gehirne fanatisieren und militante Intoleranz nicht ausschließen. Zum Beispiel, zum Beispiel.

Die Vorgänge im eigenen Land verglich er mit anderen Ländern und war überrascht, wie schnell mancher urteilte, ohne verglichen zu haben. Der damals allgemeine Streit, wer der Linkere unter den Linken sei, erschien ihm etwas provinziell. Er wußte aus der Praxis, wie das aussieht mit Arbeitern, Angestellten, Beamten, Selbständigen und Bauern. Unter Skrupeln engagierte er sich in derjenigen der beiden großen Parteien, die ihm als die erträglichere vorkam. Als er sich dazu entschieden hatte, tat er auch das gründlich und hielt Loyalität für eine selbstverständliche Forderung. Er gehörte zu denen, die kleine Schritte als politisch ansahen. Bis zu seinem dreiundvierzigsten Lebensjahr ahnte er nicht, daß er sich einmal für Politik als Hauptberuf entscheiden werde.

Unter seinen Romanen trafen Leser eine nicht eben ermutigende Auswahl: sein frühester und naivster wurde am meisten gelesen. So und auf andere Weise wurde dafür gesorgt, daß Selbstüberschätzung ihm lächerlich erschienen wäre. Eitelkeit, besonders die eigene, betrachtete er nicht nur als Handicap, sondern als Eintrübung der Vernunft. Schließlich übte er diese Tätigkeit des Schreibens aus, in der man überreichlich Gelegenheit hat, die verheerende Wirkung der Eitelkeit auf die Intelligenz der Mitstreiter zu studieren.

War er ein Schriftsteller? Wahrscheinlich eher eine literarische Mehrzweckfigur. Es war immer seine Idee gewesen, mit einer Schreibmaschine und einer gewissen Nachdenklichkeit seine Existenz zu bestreiten. Er redigierte, begutachtete, schrieb, kritisierte und regte an, immer im Umkreis der Büchermacher. Eine gewisse gutwillige Brauchbarkeit war ihm nicht abzusprechen, zumal als er älter wurde. Nachdem er die eigene Person vier Jahrzehnte lang beobachtet hatte, meinte er, sie sei für ihn nur noch begrenzt ein Thema. Lebendiges und Sachliches, das außerhalb der eigenen Haut lag, wurde ihm wichtiger. Bei anderen, glaubte er, waren noch Entdeckungen zu erwarten, sich indessen kannte er, voller Mißtrauen.

In dieser kontemplativen Verfassung lag es nahe, daß der soziale Bereich ihn vereinnahmte: Er wurde Vorsitzender eines Berufsverbands. Das sah ihm ähnlich. Selbst Parlamentarier fühlten sich angesprochen, wenn er das Programm vortrug, offenbar klang es beruhigend. Grund genug zu neuem Verdacht. Vielleicht versuchte er auch nur, den eigenen Sinn zu erweitern, indem er etwas tat, das unter Umständen für einige andere einen Sinn ergab. So gesehen war es wieder Egoismus.

Wer seine Grenzen erkennt, durchbricht sie, sagte er sich. Seine späte Beziehung zur Parteipolitik ähnelte anfangs ein wenig seinem Verhältnis zu Frauen: nachhaltige Eroberungen gelangen ihm durch seine Schüchternheit – was Wunder, daß er sie manchmal zu Rate zog? Im übrigen machte er die Erfahrung, daß der Beruf des Politikers mit dem des Schriftstellers manches gemeinsam hat. In beiden will man mit dem Wort überzeugen und eine Anhängerschaft gewinnen. Von einer Autorenlesung mit der Neuerscheinung in der Hand ist es gar nicht so weit zur politischen Versammlung mit dem frischen Wahlprogramm. Verläßlich sind im Regelfall die Skepsis der Zuhörer und die Sorge um den mangelhaften Besuch der Veranstaltung. Der Politiker denkt und handelt durchs Reden, der Autor durchs Aufschreiben. Beide schätzen und fürchten das Publikum und sind darauf angewiesen. Der eine wie der andere verausgaben sich über die Maßen, scheinbar um der Sache willen, doch zwischen der Sache und denen, die sie angehen soll, steht immer die eigene Person, vermittelnd oder sich verweigernd, in ihrem Widerspruch aus Kommunikationsverlangen und Kontaktarmut. Durchgänge überall: Literatur wie Politik lassen nichts Menschliches aus.

Wenn er jetzt zurückdachte an die Kette von Zufällen, die sein Leben ausmachte, erschien ihm die Quersumme beinahe logisch. Jedenfalls fühlten sich diejenigen unter seinen Bekannten bestätigt, die es immer schon gewußt haben wollten, was es mit ihm auf sich hatte und wie das noch enden werde. Deren Spruch zu erfüllen, war auch eine Form der Wiedergutmachung. Freilich verabredete er mit sich den Zeitpunkt, wann er nicht mehr kandidierte. Aussteigen war immer verlockend. Er behielt sich Veränderungen vor. Einzig der Tod sollte ihn davon abbringen.

✻

Damals im Krieg war ich verzweifelt über jeden Zwanzigjährigen, der ums Leben kam. Wenn Menschen in meinem heutigen Alter starben, schien mir das weniger schlimm. Sie hatten erfahren, was ihnen möglich war und was nicht. Das Alter konnte sie zynischer machen. Bestimmt hilfloser.

Mit fünfzig ist manches übersichtlicher geworden. Man hat die Wände nicht eingerannt, aber sich auch nicht mit ihnen ausgesöhnt. Vielleicht hat man ein paar Stufen geschlagen. Den Jahren nach geht es abwärts – mit einer Resignation, die noch nicht die Kraft nimmt, noch nicht das Verlangen, sich zu engagieren, mitzutun. Der Tod schreckt nicht wie früher. Das Sterben: ja, aber nicht der Gedanke, fort zu sein von der Welt.

Die Solidarität der zum Tode Verurteilten – ist sie nicht die sinnvollste Haltung? Ohne Pathos. Ich hatte das Glück, ja Glück, in meiner Nähe Menschen zu erleben, die mir voranstarben auf eine Weise, die mir als Ziel vor Augen steht.

Wie groß ist die Lücke, die einer hinterläßt? Es gibt den Überdruß an aller Falschheit, aller Dummheit, aller Gewalt, allen

Wiederholungen. Bei vielem, das eben beginnen will, weiß die Erfahrung zu genau, wie es ausgehen wird. Menschen (nicht alle) werden berechenbarer, Abenteuer fadenscheinig. Aber die Leidenschaft hört nicht auf. Was einen weiterleben läßt, behält man für sich. Man sucht das Maß und erntet die Fehler. Dem mittleren Alter, so scheint es, gebührt die Versachlichung. Wohl dem, der einen Zusammenhang hat.